国际化大都市背景下的乡村振兴

中国式现代化的奉贤图景

熊易寒 主编

复旦大学出版社

本书系上海市哲学社会科学规划委托课题
"国际化大都市背景下乡村振兴战略的路径与模式研究"
(批准号:2021WFX001)的最终成果

庄行镇新叶村
(来源:庄行镇)

庄行镇大地花海(来源:庄行镇)

庄行老街(来源:庄行镇)

奉贤新城上海之鱼,又名"金海湖"(摄影:陈佳枫)

三园一总部——庄行镇渔沥林盘
(来源:庄行镇)

三园一总部——庄行镇英科中心总部
(来源:庄行镇)

三园一总部——庄行镇桃花廊庑
(来源:庄行镇)

三园一总部——金汇镇星传奇总部经济运营中心
(来源:金汇镇)

青村镇吴房村
"青春啊青村"标识
(来源:青村镇)

青村镇吴房村
(来源:青村镇)

青村镇吴房村美丽庭院(来源:青村镇)

金汇镇新强村新梦家园（建造中）
（来源：金汇镇）

金汇镇墩头村农艺公园
（来源：金汇镇）

"东方美谷"核心产业区（摄影：石浩南）

九棵树（上海）未来艺术中心（来源：上海奉贤新城建设发展有限公司）

青村镇青溪老街
（来源：青村镇）

青村镇吴房村
（来源：青村镇）

青村镇青溪老街（来源：青村镇）

南桥镇华严村星公寓（来源：南桥镇）

青村镇李窑村粉墙黛瓦新建筑（来源：青村镇）

青村镇李窑村平庄公路入口（来源：青村镇）

作者简介

（按姓氏音序排列）

曹一然，复旦大学国际关系与公共事务学院博士研究生，主要研究兴趣为社会治理、比较政治、中国政府与政治等。撰写本书第三章。

邓涵之，复旦大学国际关系与公共事务学院政治学系博士后，英国伦敦政治经济学院博士。主要研究兴趣为国家理论、政治经济学，目前研究集中关注中国的中央地方关系、政商关系、地方治理。与主编熊易寒一起撰写本书导论，进行全书的统稿工作。

厉蕤溢，复旦大学国际关系与公共事务学院硕士研究生，主要研究兴趣为中国城乡关系。与刘振琳共同撰写本书第六章。

林佳怡，复旦大学国际关系与公共事务学院博士研究生，主要研究兴趣为社会治理、协商民主等。撰写本书第七章。

刘振琳，复旦大学国际关系与公共事务学院博士研究生，主要研究兴趣为中国政治与基层治理。与厉蕤溢共同撰写本书第六章。

沈鹏远，中共上海市奉贤区委党校副教授，经济学博士。在《上海经济研究》等刊物发表论文10余篇，主要研究兴趣为经济体制改革、乡村振兴等。与吴康军共同撰写本书第五章。

孙　彦，中共上海市奉贤区委党校副教授，上海社会科学院经济学博士，主要研究兴趣为制度经济学、经济体制改革、企业理论、乡村振兴，在《制度经济学研究》《上海经济研究》等期刊发表论文多篇。撰写本书第四章。

吴康军，中共上海市奉贤区委党校区域与经济发展研究中心主任，主要研究兴趣为区域经济和农业经济等。曾撰写社情民意信息，得到中央领导批示。在公开刊物发表论文10余篇。与沈鹏远共同撰写本书第五章。

熊易寒，复旦大学国际关系与公共事务学院副院长、教授、博士生导师，主要研究兴趣为政治社会学和比较政治学，近期主要关注城市化、阶层政治、社会治理和数字化治理。撰写本书导言并负责全书的统稿工作。

俞驰韬，复旦大学国际关系与公共事务学院硕士研究生，主要研究兴趣为比较政治学、中国政府与政治、族群政治等。撰写本书第一章。

赵　波，复旦大学国际关系与公共事务学院博士后，中山大学政治学博士，主要研究兴趣为劳动关系、地方政府治理。在 Journal of Contemporary Asia 等期刊发表论文2篇。撰写本书第二章。

周炜沁，复旦大学国际关系与公共事务学院硕博连读生，主要研究兴趣为中国政治。与俞驰韬共同撰写本书第一章。

导言　国际化大都市背景下的乡村振兴 / 1

一、为什么上海需要乡村振兴 / 5
二、乡村振兴：超大规模社会的共同富裕 / 15
三、乡村振兴的关键：城乡融合与要素流动 / 18
四、顶层设计、地方创新与农民主体性 / 26
五、本书的篇章结构与安排 / 28

第一章　中国式现代化与城乡关系的重构 / 31

一、城乡关系——从二元格局到融合发展 / 34
二、人地关系——户籍制度与土地制度的联动 / 37
三、要素关系——城乡要素的双向自由流动 / 41
四、乡村治理——党建引领下的多元共治格局 / 44
五、主体性、禀赋与机遇——乡村振兴的地方样式 / 48

第二章　乡村振兴的奉贤模式：人、土地与产业的协同发展 / 53

一、从城乡分割到城乡融合发展 / 55

二、生产要素的资本化 / 62
三、迈向人、土地与产业的协同发展 / 70

第三章　以人为中心的乡村振兴：城市化与逆城市化的合奏　/ 77

一、半城市化与乡村空心化 / 79
二、逆城市化：青年返乡与人才下乡 / 87
三、坚守以人为中心的乡村振兴道路 / 95

第四章　"三块地"改革：乡土社会核心资源的资本化、集约化　/ 107

一、我国农村土地改革的历史进程和路径走向 / 109
二、奉贤"三块地"改革的基础条件与举措成效 / 121
三、奉贤区深化宅基地改革试点探索情况 / 133

第五章　"三园一总部"：作为产业载体的乡村　/ 141

一、"三园一总部"的发展逻辑 / 144
二、乡村振兴背景下"三园一总部"的实践探索 / 150
三、"三园一总部"的展望 / 172

第六章　新江南文化：作为生活方式的乡村　/ 175

一、留住乡愁：国际化大都市对乡村的心理文化需求 / 178
二、传统与现代交融：作为生产生活方式的乡村 / 182
三、承载乡愁与发展：新江南文化的新时代意义 / 198

四、文化自信的新江南:在发展中留住乡愁 / 206

第七章　党建引领下的"三治"融合:乡村振兴的组织保障 / 213

　　一、党建引领下的乡村振兴 / 215

　　二、自治:乡村治理的内生秩序 / 225

　　三、法治:乡村治理的底层架构 / 228

　　四、德治:乡村治理的价值导向 / 231

结语　乡村振兴的奉贤模式 / 235

主要参考文献 / 241

后记 / 253

导言
国际化大都市背景下的乡村振兴

上海作为一个国际化大都市,还需要有乡村吗?

城市化或都市化是不是大城市郊区的唯一宿命?

如果乡村注定要萎缩乃至消失,为什么还需要乡村振兴?

人们对于上海的印象,从来都是外滩万国建筑群或高楼林立的陆家嘴,乡村一直都是隐匿的。在人们的潜意识里,乡村无法代表上海,更不属于上海的未来。不光普通老百姓是这样认知的,不少经济学家也认为未来必然是"城市的胜利"。

从行政区划的角度看,随着崇明撤县设区,上海市辖区内已经不存在县的建制,所有的郊县已经改设为城市化程度更高的区。

从人口的角度看,乡村人口①不断向城市转移,上海的城市化率每年提高1个百分点左右。我们可以从三个方面来理解上海的城市化。第一,从人口绝对数量来看,1995年上海市乡村户数134.6万户,乡村人口392.27万人,2019年上海市乡村户数94.37万户,乡村人口236.04万人。在这24年间,乡村户数共减少40.23万户,年均减少约1.68万户;乡村人口共减少156.23万人,年均减少6.51万人。第二,从城乡户籍占比来看,1995年上海户籍农业人口379.67万人,占乡村人口的96.79%,

---

① 乡村人口是指乡村地区常住居民户数中的常住人口数,含非农户籍人员,但不含外来人口。

2015年上海农业户籍人口151.59万人,占乡村人口的42.01%。农村农业户籍人口的数额和比例不断降低,非农人口数额和比例明显增加。第三,从劳动力的数额来看,1995年上海农业劳动力有75.61万人,2019年上海农业劳动力仅有32.20万人。[①] 即使考虑到农业自动化和机械化带来的劳动力节约效应,这一下降也不容忽视。如果考虑到统计年鉴未涵盖的从事非农产业的外来人口,乡村人口的下降会更加明显。因此从人口的角度来看,过去十余年来,上海的乡村人口与产业被势不可挡的城市化严重挤压了。

然而,这种对于上海的"刻板印象"忽略了几个重要的事实。

首先,从物理空间来看,上海的乡村至少与都市平分秋色。上海市土地总面积为951万亩(合6 340平方千米),其中:非农用地面积479.1万亩,占土地总面积的50.4%;农用地面积471.9万亩,占土地总面积的49.6%。如果把郊区和乡村面积加在一起,其更是占上海陆域总面积的85%左右。

其次,从治理单元看,上海的乡镇和村庄确实在大幅度减少,但规模仍然不小。近20年来,随着城镇化的逐步推进,郊区行政村组数量、乡村居住人口总体呈下降趋势。2000年,上海市共有153个乡镇、2 784个村民委员会;截至2021年12月31日,上海市共有107个街道、106个镇、2个乡、4 628个居民委员会和1 556个村民委员会,行政村降幅约44%。目前,虽然农业劳动力仅32万人,但居住在镇域的人口大约有500万之多。

最后,从居住形态和生活方式看,村落形态仍然在上海郊区顽强地延续着。2019年,上海郊区共有自然村29 167个,其中:住宅

---

① 相关数据由上海市农业委员会提供。

在 10 幢以下的小型自然村 12 727 个,占总数的 43.6%;住宅在 11—30 幢的中型自然村 9 433 个,占总数的 32.4%;住宅在 31 幢以上的大型自然村 7 007 个,占总数的 24%。

一、为什么上海需要乡村振兴

在这一背景下,上海的乡村会不会在城市化进程中最终消失呢？如果上海的乡村最终会消失,那么还需要乡村振兴吗？

从要素价格和比较优势角度来看,上海发展乡村和农业似乎是"不经济"的：如果将农用地转变为建设用地,可以创造更大的GDP；如果可以让建设用地指标交易起来,上海就可以进一步发展现代服务业和先进制造业,让农业大省或粮食生产区从事农业生产,各自发挥比较优势从而实现双赢。

然而,即便从纯粹的经济逻辑出发,上述观点也值得商榷：大都市郊区的乡村具有重要的经济价值,郊区发展都市现代农业具有天然的优势,有人才,有资本,也更接近市场；依托超大城市丰富的科技资源、人才资源、市场资源,可以发展科技农业、精品农业、品牌农业。随着郊区公共配套设施的完善,乡村也可以发展现代服务业和先进制造业,例如吸引中小企业总部和轻资产、不依赖区位的各类工作室入驻。

更何况,城乡发展从来不是一个纯粹的经济学问题,大都市郊区乡村具有不容忽视的超经济价值。

首先,乡村是一种生活方式。习近平总书记指出："新农村建设一定要走符合农村实际的路子,遵循乡村自身发展规律,充分体现农村特点,注意乡土味道,保留乡村风貌,留得住青山绿水,记得住乡愁。"①乡愁的背后,实际上是传统的、亲近自然的生活方式。

乡村生活是一种慢生活。城市的生活节奏是快速的,也是高能耗的,无论是对自然资源还是对个人精力;乡村是一个低速运行的社会,也是低能耗的。"慢"不代表落后,不代表不发展,"慢"是一种从容自处的生活态度。"鸢飞戾天者,望峰息心;经纶世务者,窥谷忘反。"因为慢,而更具人情味;因为慢,而形成更紧密的共同体。

城市社区以公寓为主要的建筑形态,人口密度很高,人际交往却是低频率的;乡村社区则以院落为主要的建筑形态,人口密度较低,但社会交往却有较高的频率。

城市社会是一个高隐私社会,高隐私给个体带来自由,譬如单身的自由、丁克的自由;乡村社会是一个低隐私社会,左邻右舍的高频率互动使得乡村社会鲜有隐私保护的观念。乡村社会的成员彼此知根知底,因而造就了高信任的社会氛围。

城市社会是一个异质性社会,主要表现为阶层多样性和文化多样性;乡村社会则是一个单一阶级社会,尽管也存在一定的经济、社会分化,但并不存在特征显著的社会分层,因为熟人与半熟人社会的文化、宗族、邻里网络会把各阶层编织在一起,因此农村只有边缘人(譬如少数无力参与"礼物经济"的五保户、单身汉),没有底层。

城市社会是一个权利优先的社会,具有更强的个人主义倾向,群己边界是清晰的;乡村社会则是一个责任优先的社会,强调个体对家庭、家族乃至邻里的责任,即强调共同体意识,所以群己边界是相对模糊的。在农村,如果一个人在经济上较为富有或拥有较

---

① 中共中央文献研究室编:《习近平关于社会主义生态文明建设论述摘编》,中央文献出版社2017年版,第61页。

多的社会资源,那么其他家庭成员甚至熟人、邻里都拥有一定程度的剩余索取权。如果说权利优先观念更多地与个体意识相关,那么责任优先观念则更多地与共同体意识相关。权利优先观念要求个体与个体之间彼此独立,个体不再依附于集体;责任优先观念则要求归属于同一集体的个体与个体之间相互"持股"、相互依赖、相互支持。

乡村社会的这些特征决定了集体的重要性。与城市相比,村庄天然具有更强的共同体属性,加之家庭联产承包责任制这样一种制度安排,集体经济组织在乡村治理与发展中有着独特的、难以替代的地位。

其次,乡村有不可替代的审美价值和生态价值。美学意义上的乡村,是城市无法覆盖和取代的。乡村有大自然之美,有古建筑之美,"枯藤老树昏鸦,小桥流水人家,古道西风瘦马"。乡村生活是一种田园生活。亲近自然,体现了人与自然的和谐共处。大都市郊区的乡村更是都市生态系统的重要支撑,乡村有密集的水网、广阔的森林绿地,对于大都市而言都是必不可少的。

最后,乡村是一种稀缺的战略资源。上海市委书记李强指出,要"把乡村作为超大城市的稀缺资源,作为城市核心功能的重要承载地,作为提升城市能级和核心竞争力的战略空间","走出一条与上海超大城市功能定位相匹配的乡村振兴新路子"。① 乡村实际上是一个庞大的公共资源蓄水池。上海有 479.1 万亩非农用地中,其中农村集体建设用地 123.45 万亩,约占全市建设用地总量的 27%。在 2020 年新型冠状病毒肺炎疫情(简称"新冠肺炎疫

---

① 《上海一周:上海的乡村,何以成为"战略空间"》(2020 年 7 月 30 日),解放日报·上观新闻,https://www.jfdaily.com/staticsg/res/html/web/newsDetail.html?id=274666&sid=67,最后浏览日期:2022 年 3 月 17 日。

情")初期,郊区的粮食蔬菜供应发挥了重要的应急功能。发展乡村产业新业态、新模式,可以让沉睡的资源变成农民致富、乡村发展的源头活水。

乡村不是城市的边缘,也不是城市的附庸,而是提升城市能级和核心竞争力的战略空间。中心城区发展到一定程度,可能缺乏新的动能和增长点,而"后发展"的郊区和乡村预留了资源和要素,为城市下一轮发展提供了契机和动力。"农业强、农村美、农民富"是乡村振兴的美好愿景,也是人民城市的美好愿景。"人民城市人民建,人民城市为人民",上海的经济社会发展不能"城市本位",而应该坚持"人民本位",这就必须把农民、农村、农业摆在特别重要的位置。

正如中央农办原主任陈锡文所言:"城和乡之间具有不同的功能,我们说各自都有自己的重要地位,但是都不能替代对方。比如说城市,基本功能就是集聚人口、集聚资金、集聚创造力,最后让城市成为带动一个地区、一个国家的经济增长极,这是它的功能。农村的功能,同样也是城市替代不了的,农村要生产粮食,保证国家和民族的粮食安全、农产品供给;又要保护好生态环境,为城市的发展提供良好的生态屏障、生态产品;还要保护好一个国家、一个民族、一个地区所特有的传统文化。"①

但与外界主观印象不同,上海的乡村并不像江浙农村那么富有。上海农村居民收入绝对水平虽然在全国的省、自治区和直辖市中排名第一,但在城市层面,上海农村居民收入在长三角城市群中排位第八,农民收入长期低于杭州、绍兴、宁波、嘉兴、无锡、苏州

---

① 《城乡究竟能否融合?乡村振兴究竟应该怎么干?——陈锡文对乡村振兴战略的10个权威解读》(2021年8月19日),乡村振兴网,http://www.zgxczx.cn/content_28881.html,最后浏览日期:2022年3月15日。

等市。近13年来，上海农民人均可支配收入由2007年的10 222元提高到2020年的34 911元，增长3.4倍。如果我们汇总2007年至2020年的农民逐年各项收入并取平均水平来分析其结构，那么工资性收入占65%，经营性收入占5%，财产性收入占8.5%，转移性收入占21.5%。上海郊区乡镇的发展往往滞后于相邻地区的乡镇，俗话说"花桥是欧洲，安亭是亚洲，白鹤是非洲"。由于上海远郊区没有区位优势、缺乏政策支持、公共投资不足，加上中心城区的虹吸效应，使上海远郊区呈现"后发展"的特征。即便上海农村居民收入增速连续快于城镇居民，收入相对差距不断缩小，但由于基数原因，两者间收入的绝对差距仍有所扩大（如表0-1所示）。

表0-1 2017—2020年上海城乡常住居民人均可支配收入情况

年份	城镇居民收入（元）	增幅（%）	农村居民收入（元）	增幅（%）	城乡收入差额（元）	城乡收入比
2017	62 596	8.5	27 825	9.0	34 771	2.25
2018	68 034	8.7	30 375	9.2	37 659	2.24
2019	73 615	8.2	33 195	9.3	40 420	2.22
2020	76 437	3.8	34 911	5.2	41 526	2.19

数据来源：上海市统计局。

上海城乡居民收入差距较大，主要有以下两点原因。一是城乡发展的差序格局。在以往的城市发展格局中，存在明显的城市偏好——"重城市，轻乡村"，对公共资源进行有利于中心城区的差序配置，加上工农业剪刀差的存在，这些因素导致了乡村发展的滞后。二是农村居民工资性收入水平较低。在上海农村地区，约四成实现非农就业的农民税后工资在2 500元/月左右，接近2021年上海市最低工资标准①；还有两成就业不稳定的打零工人员，实发工资不足2 000元/月。此外，农村居民养老金水平相对城镇居民偏低。2021年起，上海市城乡居民养老保险的月基础养老金标准调整为1 200元（全市领取城乡居民养老保险金的约有九成是农村居民），而企业退休人员人均月养老金约为4 400元，两者差距明显。

总体而言，近十年来，上海大、中、小型村落占比没有发生太大变化。相较于上海行政村大幅减少的情况，农村村庄面貌、农民居住形态却没有发生大的变化，农民集中居住程度还不高。上海郊区乡村的振兴面临较大的挑战。近年来，我国社会主要矛盾已经转化为人民日益增长的美好生活需要和不平衡不充分的发展之间的矛盾。而上海乡村面临的发展问题，正好集中地体现了发展的不平衡不充分问题。

乡村振兴对上海有何战略意义？

上海郊区的乡村振兴本质上是一个现代化过程，是城乡融合发展的现代化，是农业农村的现代化，也是乡村治理的现代化。在城乡融合方面，上海应当扮演引领者的角色。乡村振兴不仅仅是经济数据"好看"，更不是简单的乡村工业化，而是城乡关系和乡村经济社会的重构。乡村兼具经济价值、生态价值和美学价值，上海市委书记李强指出："乡村空间正在由不断收缩向基本稳定转变，乡村资源的稀缺性进一步显现，乡村对城市、对市民越来越不可或缺，从承担农产品保障供应功能向承担多元复合功能转变，由承担

---

① 2021年7月1日起，上海市月最低工资标准从2 480元调整为2 590元。

附属功能向承担核心功能转变。"①

　　这些多元复合功能和核心功能体现为:经济层面,上海郊区的乡村不仅要落实保障供给功能,为上海提供高品质鲜活农产品,而且要成为要素和功能的承载地,为城市发展创造新的空间和动能;生态层面,乡村要保持生态涵养功能和安全屏障功能,保障生态安全和粮食安全,依托乡村田、水、林、湿等各类自然资源,发挥水土保持、水源涵养、环境净化、生物多样性保护等作用;社会生活层面,乡村要提升生活居住功能,持续改善农村居民生活居住条件,为城市产业发展和功能拓展提供适宜的生活配套服务;文化层面,乡村要发掘文化传承功能,传承好传统乡土文化、民俗风情和农耕文明,建构和谐的现代天人关系,成为记得住乡愁、留得下乡情的美丽家园。

　　上海的郊区乡镇如何形成后发优势?

　　首先是城乡融合发展。在整体布局上,要优化新城、镇域、乡村这"三个空间"。"五个新城"重在发挥聚集功能,按照独立综合性节点城市定位,加快建设引领高品质生活的未来之城,加快打造经济发展的重要增长极,为上海未来发展构筑新的战略支点,为周边的镇域乡村更好赋能。镇域重在发挥连接功能,强化联通城乡的纽带作用,通过完善公共服务配套、发展特色产业,更好承接农村人口转移。镇域发展要注意规模适度,根据核心镇、中心镇、一般镇的规划定位,集约高效、错落有致、富有特色地发展。乡村重在发挥"底板"功能,要根据村庄规划着力抓好建设,加强人居环境整治,彰显乡村综合价值,打造成为城市后花园。

---

① 《入围全国乡村旅游重点村,上海这五个村除了"天生丽质"外,还有些什么不一样》(2021年8月5日),解放日报·上观新闻,https://www.jfdaily.com.cn/news/detail?id=393089,最后浏览日期:2022年3月17日。

其次是人口导入。人口是经济社会发展的关键。郊区的村落文化正在经历快速变迁,农民数量急剧减少,宗族文化式微,本土本乡的人口向中心城区迁移。与此同时,外来务工人员、外来务农者在乡村聚集,高技能的新型职业农民和乡村创业者群体也逐步积累。在城市化的大背景下,郊区也出现了逆城市化:在镇域空间,中产阶层人群有所增长。良好的自然生态环境、舒缓的生活节奏、雅致的新江南文化(详见本书第六章)是吸引中产阶层到乡村置业、创业的重要因素。

再次是土地红利。上海的乡村产业振兴,既得益于江南地区丰厚的历史文化遗产,又受到计划经济时期历史遗留问题的影响,还受到当前土地资源存量与土地流转制度的制约。农村产业振兴与要素改革息息相关,因此劳动力流动与土地流转制度的稳健变革,尤其是在农村闲置用地处置、农民工城乡流动方面的变革,是要素高效配置和产业长期发展的先决条件。通过农村土地改革释放的土地红利,主要体现在以下三个方面:一是农村集体建设用地的价值得到充分开发;二是为乡村产业兴旺和城市产业功能布局提供承载空间;三是平抑高企的房价,更好地实现"房住不炒",让全体人民住有所居。土地红利应该首先是农民和农村的红利,服务于乡村的发展需要,"严格禁止城里人下乡利用农村宅基地建设别墅大院和私人会馆等,也不能以各种名义强制农民退出宅基地和强迫农民'上楼'"①,坚守土地公有制性质不变、耕地红线不突破、农民利益不受损这三条底线。

---

① 《国新办举行全面推进乡村振兴加快农业农村现代化发布会图文实录》(2021年2月22日),国务院新闻办公室网站,http://www.scio.gov.cn/xwfbh/xwbfbh/wqfbh/44687/44916/wz44918/Document/1698904/1698904.htm,最后浏览日期:2022年5月16日。

最后是资本下乡。政府财政加大向农村倾斜力度的同时,积极引导城市工商资本进入农村,发展现代农业,改造传统非农产业,发展适合乡村的新兴产业,培育教学乡村新业态,实现产业兴旺。通过建立健全多元投融资体制机制,清除阻碍民间资本下乡的各种障碍。完善农村金融体制,规范发展农村民间金融组织,建立健全农业保险体系和农村信用体系实施利益联结机制,既要加强产权保护,稳定投资者预期,也要加强风险防控,维护好农民主体地位权益,促进城市工商资本嫁接农村农业。

奉贤作为上海的远郊区,围绕乡村振兴开展的一系列实践探索,回答了大都市要不要乡村、要不要乡村振兴、如何进行乡村振兴的问题。当下的奉贤乡村建设主要面临以下问题:第一,农业农村的生产力依然落后,与上海的现代化国际化大都市地位不匹配;第二,本地农民不愿意留在农村,造成了村庄"空心化"。

奉贤乡村振兴的意义何在呢?奉贤以"城市繁华、农村繁荣"为乡村振兴的目标,而"城市繁华、农村繁荣"为乡村振兴、城乡关系重构提供了一个宝贵的研究样本。以奉贤为镜,本书旨在说明乡村振兴的意义在于解决以下五个重大的社会经济民生问题。

第一,乡村振兴的根本是要解决产业兴旺的问题。乡村的社会发展是以经济发展为基础的。产业兴旺,才能缩小城乡差距,实现共同富裕,才能让农民留下来,而且把农业农村现代化所需要的人才吸引过来。因此,应当明确发展定位和主导产业,并不同程度地与市场主体进行对接。转变农业发展方式,突出生态功能,强化品质提升,在做强优势农业产业的基础上引入新产业新业态,推动产业融合。在产业兴旺的基础上,乡村振兴还需要解决好分配的问题。在这方面,村级集体经济扮演了重要角色,本书的后续章节将会详细分析奉贤区的诸多案例:"百村公司"解决了经济薄弱村的赋能问题,这是乡村经济振兴的1.0版本,在此基础上,"吴房村"是2.0版本,"三园一总部"①是3.0版本。

第二,乡村振兴必须实现乡村的生态宜居。乡村的生态宜居意味着既要保留乡村的景象意境,留住人们的乡愁,又要嵌入现代化的生活设施和生活方式,保证村民的生活品质。乡村要将农民集中居住纳入村庄规划,开展保留居民点建筑风貌提升工作。围绕城乡融合发展要求,乡村应高标准配置市政设施,统筹推进田、水、路、林、村建设,修复自然生态景观,优化农村人居环境。

第三,乡村振兴需要实现文明乡风。着眼于提升乡村气质和韵味,传承传统文化、弘扬时代新风,多措并举打造具有当地特色的文化项目和品牌,建设善治乡村,培育新江南文化。

第四,乡村振兴需要达成有效治理。乡村振兴需要努力的方面包括:实现自治、法治、德治的融合,拓展村民参与村务监督渠道;广泛发动群众参与"美丽庭院"建设,激发群众参与乡村振兴的自觉性和主动性。

第五,乡村振兴最终要实现共同富裕。共同富裕具体而言就是要做到:以增强产业动力为核心,探索建立政府推动、农民主动、能人带动、社会联动的运作机制,用财政资金保障公共服务和基础设施建设,用土地、乡村资源做资本,吸引市场主体参与产业运营,积极搭建集体经济和农民增收平台。

在本书中,研究团队以乡村振兴的国家战略为宏观背景,讨论国际化大都市郊区乡村振兴的战略规划与实施过程中的重点、难

---

① "三园一总部"分别为"一庄园一总部、一公园一总部、一庭院一总部",是为了盘活闲置的宅基地和集体建设用地,由镇、村两级集体组织统一建设和统一运营,以独特的生态资源作为优势,以税收抵租金的特殊政策,吸引企业总部入驻,发展建设生态商务区。

点,结合上海市奉贤区的实践经验,提供了乡村振兴战略在大都市郊区的落地方案。首先,乡村振兴的根本目的,是为了实现超大规模社会的共同富裕,因此与国家长期发展战略的目标与意涵相一致。其次,乡村振兴的关键在于促进城乡融合与要素流动,奉贤区近年来不断发力,在促进人口流动、资本下乡、土地流转等方面取得了显著成效。最后,乡村振兴的长期可持续发展,取决于顶层设计的变革与地方的制度组织创新,奉贤区在激发农民主体性、尊重当地文化与基础条件多样性、切实发展自主模式上取得了很大进展。

二、乡村振兴:超大规模社会的共同富裕

乡村振兴作为国家战略,其重要性是不言而喻的。以往人们主要从全面建设社会主义现代化国家的角度来解读乡村振兴的意义,即旨在缩小城乡区域发展差距和居民生活水平差距,实现基本公共服务均等化。习近平总书记在庆祝中国共产党成立100周年大会上的重要讲话中指出:"我们坚持和发展中国特色社会主义,推动物质文明、政治文明、精神文明、社会文明、生态文明协调发展,创造了中国式现代化新道路,创造了人类文明新形态。"[①]"中国式现代化新道路"为我们理解和诠释乡村振兴打开了新视野。

"中国式现代化新道路"是对中国现代化道路的崭新定义,赋予其典范价值和世界意义。中国现代化的成功既体现了世界各国现代化的共性,譬如市场化改革、重视教育投入和基础设施建设,

---

① 习近平:《在庆祝中国共产党成立100周年大会上的讲话》,人民出版社2021年版,第13—14页。

也有鲜明的中国特色,譬如渐进式改革、政策试点、注重中长期规划、兼顾效率与公平,而最为根本的特点是坚持和发展中国特色社会主义。

"中国式现代化"的一个重要维度就是在一个超大规模社会实现共同富裕,这无疑是一个世界级难题。绝大多数发达国家仅仅实现了总量和均值意义上的富裕,北欧福利国家也只是实现中小规模社会的共同富裕。改革开放的总设计师邓小平同志指出,"社会主义的特点不是穷,而是富,但这种富是人民共同富裕","一部分地区、一部分人可以先富起来,带动和帮助其他地区、其他的人,逐步达到共同富裕"。① 改革开放以来,中国实现了"国富"和"先富";党的十八大以来,以习近平同志为核心的党中央开始致力于实现"共富"。习近平总书记指出:"共同富裕本身就是社会主义现代化的一个重要目标。"②从精准扶贫到乡村振兴,这些都是在努力缩小地区之间、城乡之间和居民之间的收入差距:前者基本解决了绝对贫困问题,后者正在逐步缓解相对贫困问题。

从这个意义上讲,实现乡村振兴,是在完成一个前无古人的伟大创举,从而实现一个超大规模社会的共同富裕。中国共产党领导下的中国人民所追求的共同富裕,绝不仅仅是物质层面的,而是在物质共同富裕的基础上,进一步实现物质文明、政治文明、精神文明、社会文明、生态文明的协调发展,只有实现这一目标,才是对西方资本主义文明的全面超越,才是人类文明的新形态。

实现共同富裕是社会主义的本质要求,而要实现共同富裕,乡

---

① 《邓小平文选》(第三卷),人民出版社 1993 年版,第 265、149 页。
② 《习近平在中共中央政治局第二十七次集体学习时强调 完整准确全面贯彻新发展理念 确保"十四五"时期我国发展开好局起好步》,《人民日报》,2021 年 1 月 30 日,第 1 版。

村振兴是必经之路。与其他国家相比,中国社会的一个显著特点就在于其巨大的规模。

首先从地域上看,中国幅员辽阔,沿海地区、中西部地区的自然禀赋差异巨大。从黑龙江的黑河到云南的腾冲被称为"胡焕庸线"。该线东南半部36%的土地支撑着全国96%的人口,西北半部64%的土地上只有全国4%的人口,两者的平均人口密度比为42.6∶1。

其次从人口上看,中国历来都是世界第一人口大国。改革开放以来中国从一个收入差距很小的"扁平社会"转向"精细分层社会"。一方面,中国拥有全球最庞大的中等收入群体,人数超过1亿;另一方面,根据《中国统计年鉴2019》,中国社会90%的人月收入在5 000元以下,62%的人月收入在2 000元以下。

在一个规模巨大的社会实现共同富裕,几乎是一个"不可能完成的任务"。需要特别注意的是,中国的城乡差距是历史形成的。在收入层面,城镇居民和农村居民人均可支配收入虽不断增长,但收入差距较大,到2009年,城乡居民人均收入倍差已达到3.3。在公共服务层面,城乡差距同样巨大,城乡不平衡的最突出表现是基本公共服务不均衡,这种不均衡表现在资源布局、能力提供和服务质量上,主要包括教育、医疗、养老、公共文化服务和社会保障制度。公共服务仍然是制约乡村发展的显著短板。

近年来,我们看到一个可喜的变化,就是城乡的收入差距和公共服务差距在不断缩小。得益于精准扶贫、基本公共服务均等化等"益贫式公共政策",近10年来我国农村居民收入增速连续快于城镇,城乡居民收入差距有所缩小。2020年全国农民人均可支配收入增长速度快于城镇居民,农民人均可支配收入17 131元,比上年名义增长6.9%,比城镇居民快3.4个百分点。2020年中央一号文件指出,要切实改善农村公共服务,从提高农村教育质量、加强农村基层医疗卫生服务、加强农村社会保障、改善乡村公共文化服务等方面做出明确要求,并逐步取得实效。

三、乡村振兴的关键:城乡融合与要素流动

乡村振兴之所以能够有效促进共同富裕,根本原因在于中国特色社会主义制度,这是共同富裕的制度基础。中国特色社会主义坚持公有制为主体、多种所有制经济共同发展和按劳分配为主体、多种分配方式并存,把社会主义制度和市场经济有机结合起来,不断解放和发展社会生产力的显著优势,市场的"无形之手"效率优先,政府的"有形之手"注重公平,在做大蛋糕的同时分好蛋糕。坚持以人民为中心的发展思想,不断保障和改善民生、增进人民福祉,走共同富裕道路的显著优势,能够凝聚人心、汇聚民智。

乡村振兴需要不断把中国特色社会主义的制度优势转化为治理效能,集中力量办大事,充分发挥市场与政府"两只手"的作用,综合运用规划引导、体制创新、市场配置资源、政策扶持等手段促进乡村的可持续发展。

长期以来,乡村发展之所以比较落后,很大程度是因为城乡分割的二元体制和发展格局。无论是基础设施建设还是公共服务体系,都是以城市优先,乡村获得公共投入较少;无论是公共资源还是市场资源,都向城市高度聚集,在虹吸效应的作用下,乡村日益凋敝。乡村振兴就是要破除城乡二元体制,迈向城乡融合发展。乡村振兴要积极推动各类要素在城乡之间双向自由流动,在乡村形成人才、资金、土地、产业、信息汇聚的良性循环,为乡村振兴注入新动能。

（一）人口的双向自由流动是乡村振兴的前提

长期以来，农村地区发展的一个痛点就是精英的流失，农村中的能人大规模流入城市，导致乡村社会的人力资本相对不足，制约农村和农业的发展。有人将这一现象称为"空心化"，但实际上中国农村的真正问题不是人口减少，而是生产力水平低下，且缺乏高效的公共服务体系。然而，我们的管理者却总是把乡村问题归咎于农民，认为农民的流动是不够理性的。这是缺乏大局观的：要解决乡村的空心化问题，就号召农民工回乡创业，把家乡建设得跟城市一样美好；要解决留守儿童问题，就号召农民不要为了赚钱而外出务工，甚至要对没有尽到监管义务的父母进行追责。但是，由于工作、生活和消费方式的改变，农民已经不可能回到小农经济下自给自足的状态，也难回到离土不离乡的时期，他们必然要进入城市。

在我们看来，当前中国乡村的大部分问题都与城市化的模式有关。症状在村庄，根源在城市。长期以来，中国实行的是"经济吸纳，社会排斥"的半城市化模式，这实际上是一种行政主导的城市化。在这种模式下，农民进入城市从事非农职业，但仍然摆脱不了农民身份，被称为"农民工"。因为一个人是不是城市需要的人才，不是由市场决定的，而是由政府部门来认定的。符合政府设定的标准的，给予户籍或居住证，可以享受城市的公共服务和社会福利；不符合标准的，则被定义为流动人口，被排斥在公共服务体系之外。这种模式产生了一系列问题，主要包括对农民工的制度性歧视问题、劳动力市场的二元分割问题、流动儿童的教育问题、留守儿童问题、老年农民工的养老和医疗问题等。

因此，人口流动是人们在用脚投票，是市场选择的结果，我们的管理者不应试图用"拆违""治理群租""教育控人"等方式进行人为干预,这不仅有违市场规律和社会正义,而且事实上也发挥不了预期的作用。在城市化的时代要解决乡村问题,最终需要重建城乡关系,需要基于人口自由迁徙的城市化。

因此,在重建城乡关系时,政府应该顺应市场规律来发挥自身角色的作用。需要在农村自主发展的条件下,加大政府的转移支付力度和再分配职能,逐步实现公共服务的均等化,使农民在权利和福利层面与城市居民等值。只有打破地区间和城乡间的市场分割,促使生产要素(特别是劳动力)跨地区自由流动,缩小城乡差距和地区差距,中国的城乡关系才能更加和谐,农民的生活质量才能不断改善。

乡村振兴需要把"人"放在核心地位。具体而言,这里的"人"既包括村民,也包括专业人才。一方面,城市化是大势所趋,要促进农业转移人口市民化。2019年中国农村居民人均可支配收入为1.6万元/年,而农民工人均收入为4.75万元/年。两者之间的显著收入差,是农村年轻劳动力大量外流的主要原因之一。[①] 从全国来看,乡村人口向城市流动,中西部人口向东部流动,中小城市人口向大城市流动,这仍是一个大趋势。城市化提高了农民工的收入,减少了农村的常住人口,为改善农村人居环境、农民适度集中居住、实现土地规模化经营创造了有利条件。在这样一个人口流动大背景下,"胡焕庸线"会持续存在,但是"胡焕庸线"以西的社会经济发展水平会逐步提高,特别是实施新型城镇化以来,就地城镇化吸纳了相当一部分流动人口就业、置业,县域经济、小城镇经济的发展可以辐射周边农村地区,提高乡村公共服务的质量和可及性,促进乡村社会的繁荣。

---

① 邹碧颖:《农业部建言助农增收》,《财经》2021年第6期。

另一方面,逆城市化是乡村振兴的重大机遇。逆城市化的主要形式是郊区化,城市人口不可能向"诗与远方"大规模回流,却有可能向交通便利、环境优美、设施完备的城市远郊区迁徙。对城市的创业者来说,远郊的区位可以联结城市的资本资源优势和乡村的低密度低成本优势。形象地说,我们可以去远郊区创业,却不用放弃大城市的优质医疗教育资源,还可以继续享受大剧院的演出和星巴克的咖啡。从大城市特别是国际大都市郊区来看,逆城市化可以实现人才、技术、资本、信息在乡村的集聚,提高乡村的产业竞争力。要鼓励专业人才投身农业农村发展,形成党的十九届五中全会所倡导的"工农互促、城乡互补、协调发展、共同繁荣的新型工农城乡关系"。逆城市化给乡村注入新的活力与动力,不仅为高素质人才提供了发展的舞台,也给当地村民带来更多的福祉和机会。村民收入可以有多元化的增长形式,但总体目标是缩小与城市的差距,实现与城市人力、资本要素的流动与结合,保障农村农业人口的整体素质、活力与生活水平。

上海的远郊区奉贤区将逆城市化作为乡村振兴的机遇,大力提高乡村的基础设施和生活品质,吸引高素质人才到乡村发展事业。奉贤区青村镇吴房村是上海市首批九个乡村振兴示范村之一。吴房村意识到要想实现乡村振兴,必须要有人才,不仅包括返乡创业的本村人才,也包括全国各地有志于在乡村创新创业的人才。吴房村与合作企业有一个近30人的乡村振兴运营团队,平均年龄不超过30岁,其中不乏知名院校毕业或留学回国的专业人才,他们代表着社区的活力。吴房村紧紧抓住青年创业的需求,营造有利创业的环境:帮助年轻人降低创业的成本,给予年轻人施展拳脚的空间,为青年产业社区"公园空间"做好公共设施配套。截至2021年12月,吴房村通过统筹运营、整体管理,注册企业

150家,引进"新村民"162人,园区内企业工作人员平均年龄30岁,入驻企业以农创文旅、亲子研学、智能制造、医疗康养为主。一旦人才向乡村回流和聚集,技术下乡也就水到渠成了。青年人才带来了新的发展理念、市场信息、经营思路和先进技术,而这对于农村和农业的发展是至关重要的。

(二) 资本下乡是推动乡村振兴的重要推动力

城乡融合发展就是要打破人为设置的城乡边界,健全城乡融合发展体制机制。长期以来,资本都是向城市特别是大城市聚集,资本短缺成为制约乡村经济社会发展的短板。

2018年8月,上海市的大型国资运营平台综合体国盛集团在吴房村开展试点,深入探索国有资本参与乡村振兴的新模式,组建以长三角乡村振兴为主题的股权投资基金,引领和带动长三角城乡区域经济一体化发展。

2018年底,由国盛集团旗下盛石资本、浙江思画公司等社会资本,以及镇属集体资金,注册2 000万元共同成立上海思尔腾科技服务有限公司(简称"思尔腾"),作为运营平台,负责吴房村一期园区的日常招商、运营工作。思尔腾在吴房村先行先试土地流转、业态导入及日常运营工作。通过平台搭建,使乡村的资源和资本合作,并立足青村全镇,统筹产城乡一体化建设,走出了一条"基金+运营"双举措并行助力乡村振兴发展的道路。国盛集团作为持股35%的第一大股东,开启了国企参与探索乡村振兴新模式。这一新模式主要包括如下内容。

一是构建村民"租金+股金+薪金"增收模式。后续各章会介绍奉贤区吴房村的探索经验:以人为本,把村民的就业与收入放在第一位,是吴房村"守护家园"计划获得成功的关键。吴房村在其产业园区发展初期就积极开发物业和服务管理岗位、吸纳本村劳动力,实现了村民的"家门口"就业,为村民收入多元化增长创造了条件。而提高了生活水平的高素质村民,又反过来促进了共建共治、共享共荣的农村社区治理和长期产业发展,以此形成良性互动。

二是开发"黄桃+"产业并初显成效。奉贤黄桃作为国家地理标志产品,是吴房村的主要经济作物。吴房村依托国盛集团与上海市农科院的合作,以老桃园改造、建设新果园和种苗培育园为主攻方向,做大产销对接,建立黄桃分拣系统,引入知名电商,共同打造自营电商交易平台。吴房村积极利用已有的乡村文化,打造了多种模式的乡村旅游服务,如观光、餐饮、垂钓、民宿,与其农产品和文创产品等有形资产相结合,探索出了一条适用于国际大都市郊区农村文旅产业发展的新道路。

三是村级集体经济显著壮大。在乡村振兴示范村创建推进中,通过整体一盘棋规划,实现"农区—园区—镇区"三区联动。吴房村 2018 年纳税 1 091 万元,2019 年纳税 5 502 万元,净增 4 411 万元。同时,2019 年实现区镇税收返还村收入 341.83 万元。2020 年,村集体经济收入较上年增长 46%,纳税突破 1 亿元,实现区镇税收返还村收入 410.91 万元。

(三) 土地的资源化、资本化是乡村振兴的加速器

土地是乡村的核心资源。长期以来,中国城乡土地实行双轨制管理,导致城乡二元结构并立,土地的使用和分配主要以城市发展为主,忽略乡村的用地权利,乡村发展受限,加剧城乡发展不平衡。[1] 这就迫切需要土地要素的市场化改革,使农村、农民、农业从农村土地制度改革中受益。

---

[1] 孙疑妮:《刘守英:推进新一轮土地改革》,《财经》2021 年第 6 期。

乡村振兴需要深化农村土地制度改革,使土地制度适应新发展格局下城乡融合发展的需求。中国城市和小城镇改革发展中心原主任李铁认为:"城乡融合发展存在区域不平衡,既有经济发达和都市圈功能相对完善的地区,也有欠发达地区、粮食主产区,以及远离中心城市的地区。城乡融合发展(包括乡村振兴)中面临的最大难题是广大粮食主产区和中西部欠发达地区的农村、远离中心城市的远郊农村。对这些地区来说,重点发展县城,通过县城的城镇化补上短板,强化它的综合服务能力,是一个重要路径。"①

农村土地制度与户籍制度实际上是联动的,因此需要让农村的土地资源化、资本化,助力农村进城务工人员定居城市。2018年末全国常住人口城镇化率为59.58%,户籍人口城镇化率为43.37%,两者的差距高达16个百分点,这似乎表明"经济吸纳,社会排斥"的半城市化模式仍在延续。但是,我们在中西部地区的进一步观察则发现,半城市化模式正在转变为职住分离城市化模式,这种模式的核心特征是"就业都市化"加"住房城镇化"。在早期的半城市化模式下,农民工在城市务工,用农村的宅基地建房;而在职住分离城市化模式下,农民工在大城市务工,在小城镇置业。前者是在城乡二元空间中完成劳动力的再生产,后者是在城镇二元空间中完成劳动力的再生产。从大城市的户籍制度来看,两种模式下的农民工似乎并无区别;但从生活方式和生活质量的角度来看,后一种模式下农民工的福利得到了一定的改善,他们通过在小城镇置业使自己的家庭能够获得更好的教育、医疗资源。

县城正在成为中国城市化的一个重要引擎。县城以相对低的房价、相对好的基础设施和公共服务体系,吸引了大量的农民工置

---

① 李铁:《对城乡融合发展要有清醒意识》,《北京日报》,2021年7月21日,第10版。

业;但县域经济的规模又无法为这些农民工提供充分的就业机会,因此无法实现"就地城市化",农民工的流向仍以大城市为主。职住分离的城市化给县城带来了房地产市场的繁荣,同时也带来了巨大的公共服务压力。以中部地区 H 县为例,近年来县城义务教育阶段学生数量急剧膨胀,学生多达34 000 人,其中最大规模的学校人数多达 5 400 人;其他 24 个乡镇的中小学生数量急剧萎缩,加起来不过 71 000 人,多数学校的学生总数在 50—300 人。更严重的问题则是,H 县的优质生源和师资向外流失、向省会和地级市集聚。"看病难,看病贵"的问题同样突出,随着交通设施发展,县级医院的声誉处于下降趋势,同时医疗保险覆盖面窄、保障水平低。

由于大城市落户仍有一定门槛,高昂的房价和生活成本也会制约农民工在大城市的定居意愿,职住分离的城市化或许会持续较长一段时间。因此,县城是农民工进城置业的主要目的地,但县城恰恰也是我国城市公共服务体系中较为薄弱的环节,"吃饭财政"限制了大部分县城公共服务体系的发展。

在促进城乡融合发展的进程中,中西部地区要以县城为突破口,东部发达地区则要以镇为突破口,让县城、镇的公共服务体系更好地辐射农村;同时充分运用市场机制盘活存量土地和低效用地,深化农村宅基地制度改革试点,深入推进建设用地整理,完善城乡建设用地增减挂钩政策,为乡村振兴和城乡融合发展提供土地要素保障。

以上海市奉贤区为例,全区近 31 万亩耕地产值约 40 亿元,仅占全区总产值不到 2%,农业经营性收入仅占农民收入的 11%;集体建设用地亩均税收仅 1.7 万元;宅基地出租、空置或仅居住 60 岁以上老人的,占总比例的 75%,村庄的空心化、老龄化、人口倒挂现象突出。为了盘活乡村资源，奉贤开始进行"三块地"改革。

针对宅基地空置问题，奉贤主要通过宅基地流转、置换、归并、腾挪等方式，把农村碎片化资源整合起来，探索发展"一庭院一总部"的新运营模式。为了增加招商吸引力，奉贤区南桥镇六墩村以租赁形式将宅基地使用权流转到村后，由第三方市场化平台改造运营维护，同时对周边绿化、河道进行景观升级。通过宅基地流转，农民也可获得承包地和宅院出租收益，村集体可留存区镇两级税收，预计户均宅基地流转年租金达9万元，增加村级可支配收入18万元。

针对集体建设用地亩均产出低效问题，奉贤试验以"一公园一总部""一庄园一总部"的农艺公园模式化解。该模式通过回购农村集体建设用地，按照"田成块、林成网、水成系、宅成景"的要求完善生态系统，进一步吸引企业总部入驻，通过导入优势产业实现升级，提高土地效益，壮大村级集体资产。

针对农用地闲置和低效利用问题，奉贤着重探索农村土地股份合作制改革，以创新和激活土地承包经营权流转机制为手段，推进土地承包管理的法制化、制度化和规范化，促进农民增收。一是村级入股外租和自营模式，以农民土地承包经营权入股，由村经济合作社牵头并以村为单位组建村级土地股份合作社，或统一对外租赁或发包，取得的收益按农户土地入股份额进行分配；二是由村级土地股份合作社将土地承包经营权作价折股后参与村级农民专业合作社经营，实行保底分红、二次分配。

四、顶层设计、地方创新与农民主体性

乡村振兴是一个系统工程，需要顶层设计与地方创新相结合。

从顶层设计看,需要考虑两点:首先要促进城乡之间的要素流动,逐步实现人口、技术、资本、信息等要素的双向无障碍流动,从而改变长期以来的城乡二元格局,变城乡"剪刀差"模式为城乡融合发展模式;其次要构建初次分配、再分配、三次分配协调配套的基础性制度安排。通过市场机制,引导生产要素流向乡村和农业,创造更多的就业机会,切实提高农民的收入;通过再分配机制,进一步完善税收制度,合理调节收入分配格局,增加公共服务支出比重,逐步将户籍与社会保障脱钩,实现城乡公共服务均等化,尤其要加大农村地区的人力资本投资;通过公益机制,鼓励企业和个人进行慈善捐赠,缩小各阶层的收入差距。

从地方创新看,乡村振兴需要因地制宜,充分发挥地方政府和农民的积极性。中国的规模和异质性决定了乡村振兴不可能有一个统一模式,需要处理好"一"和"多"的关系。所谓"一"就是党的集中统一领导和顶层设计;所谓"多"就是充分尊重农民的首创精神和村庄发展模式的多样性。譬如,云南省勐腊县贫困的瑶族山村河边村的"瑶族妈妈客房"项目,把房屋改造成保留瑶族文化特色的杆栏式民居,同时在每户民居内建设一间嵌入式客房,用来接待游客;充分利用河边村的自然地理条件和瑶族文化资源,打造成以小型会议、休闲、康养和自然教育为特色的新业态产业。这样的创新模式在上海市奉贤区也逐渐引入发展。在农民"离房不失房、离地不失地""建设用地只减不增、基本农田只增不减"的前提下,奉贤区引进国有资本和社会资本,盘活闲置农户宅基地、低效集体建设用地和承包地,将闲散农村资产资源股权化、证券化。

五、本书的篇章结构与安排

全书除导言和结语外,主体部分由七章构成。

第一章回顾了 20 世纪 50 年代以来学界关于中国城乡关系变迁的相关研究,提出了中国式现代化新道路需要重构城乡关系这一命题。改革开放以来,城乡二元体制逐渐松动,城乡之间要素流动的障碍大为缓解,国家也通过调整户籍制度与土地制度来适应市场化改革的需要,但在较长一段时间里,城市特别是大城市是改革红利的主要受益者,乡村空心化问题日益突出,农民仍然处在社会的边缘位置。新时代的乡村振兴,不仅要通过重构城乡关系、人地关系、要素关系,推动城乡融合发展,还要通过乡村治理现代化,打造党建引领的多元共治格局,结合政府、市场与社会的力量,尊重农民的主体性地位,实现城乡居民的共同富裕。

第二章具体探讨了人才、土地、资本、技术与信息等多重生产要素的重要性,结合奉贤区的实践经验,分析了要素在城乡之间双向流动的新模式,旨在实现人、地、产业三者的协同发展。

第三章集中探讨了"人"的问题,即农村空心化与人口流失问题,梳理了青年返乡、人才下乡的战略发展路径,提供了奉贤区的农业与文创产业的典型成功案例,强调了人才吸纳的核心作用。

第四章聚焦土地问题,以"三块地"改革作为研究核心,梳理了全国层面的政策改革风向,介绍了奉贤区土地流转政策改革的基础条件、思路原则与改革成效,尤其介绍了促进农民集中居住、规范土地承包、强化集体用地和宅基地管理等方面的多样化经验。

第五章关注产业的问题,着重介绍了奉贤区"三园一总部"的创举,总结了奉贤区盘活土地资源、灵活吸纳资本、聚集各方力量、鼓励人才流入、创建可持续产业生态的一系列做法，尤其强调了不同镇、村灵活利用国有、民间和集体资本所形成的不同运营模式。

第六章关注乡村文化问题，既分析了乡村振兴的文化需求，又强调了奉贤区在江南文化发展中的特殊地位，既探讨了奉贤本地群众的思想道德文明建设，又将其与奉贤的生态文明建设和一二三产业发展结合起来，促进新江南文化的可持续发展。

第七章讨论了乡村振兴的制度组织问题，尤其是党建引领下"三治融合"模式的发展，强调党建引领下的多元共治、网格化基层管理、科学化精细管理，激发乡镇基层的自治基因，强化乡村治理的法治传统，发展乡村德治的价值导向，为前述各章提到的要素流动、人才管理、土地优化、文化复兴提供有力的制度和组织保障。

第一章
中国式现代化与城乡关系的重构

第一章 中国式现代化与城乡关系的重构

现代化是中华民族伟大复兴中国梦的基本内涵,也是近代以来无数仁人志士孜孜以求的目标。改革开放以来,中国的现代化进入快车道,创造了举世瞩目的成绩。但与西方发达国家以资本为中心、以不平等为基础的现代化道路不同,中国的现代化道路具有鲜明的中国特色。中国式现代化道路是中国共产党经过长期探索,将马克思主义基本原理与中国的具体国情相结合的道路,是兼顾效率与公平的共同富裕之路。正如习近平总书记所强调的,"共同富裕是社会主义的本质要求,是中国式现代化的重要特征"[①]。共同富裕的要求表明,不同阶层、不同地区应当共享现代化带来的红利。城市与乡村的共同富裕,是共同富裕的应有之义。

长期以来,与人口、产业、技术集聚的城市相比,乡村的现代化程度一直较低。十八大以来,全面脱贫攻坚和精准扶贫均将重点放在了乡村。2020年,中国实现全面建成小康社会的宏伟目标,完成了近1亿农村贫困人口的脱贫任务。然而,城市和乡村之间的巨大发展鸿沟依然有待填平。在新时代,中国社会的主要矛盾转变为人民日益增长的美好生活需要和不平衡不充分的发展之间的矛盾。其中,城乡间的发展不平衡无疑是一个关键挑战。《中共中央 国务院关于实施乡村振兴战略的意见》(以下简称《意见》)指出,我国发展不平衡不充分问题在乡村最为突出。进一步

---

① 习近平:《扎实推动共同富裕》,《求是》2021年第20期。

解决"三农"问题、推动乡村发展、实现城乡共同富裕,是中国式现代化的必经之路。正是在这一背景下,2017年党的十九大提出了以"产业兴旺、生态宜居、乡风文明、治理有效、生活富裕"为总方针的乡村振兴战略。乡村振兴和脱贫攻坚并非"两相脱节",而是协同互构、目标统一、行为耦合的。① 因此两者应当有机衔接、统筹推进,吸收脱贫攻坚的制度性成果并实现产业、组织等核心要素的衔接。② 总体而言,两者均统合于中国式现代化的逻辑进路中,服务于共同富裕的基本目标。

从2017年起,国内关于乡村振兴的研究文献开始逐渐增多。现有的研究跨越政治学、社会学和管理学等多个学科领域,既探讨了乡村振兴背后的城乡关系、人地关系和要素关系转型,也关注了乡村基层治理发展。同时,部分研究将目光投射于乡村振兴实践中涌现出的地方案例,为理论与政策研究提供了有力的支撑。

一、城乡关系——从二元格局到融合发展

城乡关系是乡村振兴的核心问题。我们应当如何认识中国的城乡关系?乡村振兴需要发展什么样的城乡关系?在改革前的计划经济体制下,由于经济体制与户籍制度的束缚,形成了乡村依附

---

① 卢黎歌、武星星:《后扶贫时期推进脱贫攻坚与乡村振兴有机衔接的学理阐释》,《当代世界与社会主义》2020年第2期;曹立、王声啸:《精准扶贫与乡村振兴衔接的理论逻辑与实践逻辑》,《南京农业大学学报》(社会科学版)2020年第4期。
② 邓磊、罗欣:《脱贫攻坚与乡村振兴衔接理路探析》,《江汉论坛》2020年第2期;谭九生、胡伟强:《接续推进全面脱贫与乡村振兴有效衔接的路径析探——基于湖南湘西州18个贫困村的田野调查》,《湘潭大学学报》(哲学社会科学版)2021年第1期。

于城市的城乡二元结构。在这一阶段,农民从乡村向城市的流动面临着重重的制度限制。国家则通过价格"剪刀差"提取农业资源以支持工业发展,城市和乡村的关系实为支配与依附关系。改革开放后,市场经济体制逐步建立,城乡人口流动限制也逐步取消。随着大量农民涌入城市寻求工作机会,城市化进程高歌猛进,但城乡二元结构并未就此被打破。一方面,户籍制度等造成的城乡不平等并未消除;另一方面,在市场经济的大潮冲击下,人口、资本、产业、技术等要素资源进一步向城市集聚,造成"乡村空心化"和"乡村衰败"问题。和城市相比,乡村的经济发展水平、公共服务水平和治理水平均处于劣势。从某种意义上讲这是一种城乡"新二元结构"。[1]

在市场经济逻辑中,要素资源向城市集聚是自然而然的结果,因此现代化进程中的"乡村衰落"是一种普遍现象和规律。[2] 但由于中国式现代化的逻辑在于以人民为中心,而非以资本为中心,因此其实践路径应当能够解构和超越资本逻辑,扭转乡村的衰落进程。[3] 中国的乡村问题"症状在村庄,根源在城市"。乡村衰落是城市化进程中带来的问题,但城市化又是乡村振兴的希望。[4] 这种城市化不能只是以土地和资本为核心的城市化,而应当是以人为中心的"新型城镇化"。"新型城镇化"重新协调了土地、人口与资

---

[1] 熊易寒:《移民政治:当代中国的城市化道路与群体命运》,复旦大学出版社 2019 年版,第 1—9 页。
[2] 李长学:《论乡村振兴战略的本质内涵、逻辑成因与推行路径》,《内蒙古社会科学》(汉文版)2018 年第 5 期。
[3] 许伟:《中国特色社会主义乡村振兴的特质和实践路径》,《中南民族大学学报》(社会科学版)2020 年第 3 期。
[4] 参见黄郁成:《城市化与乡村振兴》,上海人民出版社 2019 年版。

本间的关系,是对城乡关系的一次重构。① 乡村振兴与"新型城镇化",就是要将原先的城乡二元结构转变为城乡融合发展的新格局。

改革开放以来,中国的城乡关系经历了由农村产业现代化的城乡统筹阶段,到以户籍制度改革、"三权分置"和农业供给侧改革为特征的城乡一体化阶段,再到乡村振兴时期的城乡融合发展阶段。② 不同于此前两个阶段,城乡融合发展阶段的城乡关系呈现出新的特征。首先,城乡融合发展阶段的城乡关系更加平等。一些学者指出,乡村振兴的实现有赖于综合性的"城乡连续统",不仅要建构城乡一体的制度体系和市场体系,③也要在生活条件、社会福利和生活质量等诸多层面实现"城乡等值";④另一些学者则从生态学的"共生理论"出发,强调平衡的城乡关系应当是"城乡融合共生"的形态。⑤ 其次,城乡融合发展更强调农村在发展中的主体地位。城乡融合意味着不再仅仅通过"农民进城"的单向城市化实现发展,而是在承认城乡差异条件下,由农民内生化、就地化实现现代化。⑥ 例如部分学者针对乡村振兴提出了"五不"原则,即乡

---

① 熊易寒:《移民政治:当代中国的城市化道路与群体命运》,复旦大学出版社 2019 年版,第 22—30 页。
② 郭津佑、石白玉、萧洪恩:《乡村振兴:中国现代化道路探索的新成果》,《贵州民族研究》2018 年第 12 期;叶敬忠:《乡村振兴战略:历史沿循、总体布局与路径省思》,《华南师范大学学报》(社会科学版)2018 年第 2 期。
③ 王积超、李远行:《城乡连续统与乡村振兴》,《甘肃社会科学》2019 年第 2 期。
④ 熊竞、伋晓光:《基于"城乡等值"理念的超大城市乡村振兴推进路径研究——以上海为例》,《上海城市管理》2021 年第 3 期。
⑤ 武小龙、刘祖云:《社区自助、协同供给与乡村振兴——澳大利亚乡村建设的理念与实践》,《国外社会科学》2019 年第 1 期。
⑥ 郭津佑、石白玉、萧洪恩:《乡村振兴:中国现代化道路探索的新成果》,《贵州民族研究》2018 年第 12 期;叶敬忠:《乡村振兴战略:历史沿循、总体布局与路径省思》,《华南师范大学学报》(社会科学版)2018 年第 2 期。

村振兴不是"去小农化",不是乡村过度产业化,不能盲目推进土地流转,不能消灭农民生活方式差异,以及不能轻视基层"三农"工作。① 最后,城乡融合发展更强调以人为中心。贺雪峰教授强调,乡村振兴的重心不在于短时间内缩小城乡差距、推动农村产业发展,而在于农村保障体系的完善,为农村弱势群体提供长期的基础生活保障。②

以人为核心的乡村振兴战略是中国式现代化的重要一环,推动着中国城乡关系的重构。乡村振兴与城乡融合战略,改变了原先城乡发展的二元格局和资源差序配置的不平等结构,让城市与乡村在融合中共同发展、相得益彰。在中国的现代化图景中,我们既要看到繁华的城市,也要能望见繁荣的乡村。

二、人地关系——户籍制度与土地制度的联动

实现和维护广大人民的根本利益,是中国特色社会主义的重要特征,也是中国式现代化的根本目标。以人为核心,则是推动新型城镇化和乡村振兴战略的基本原则。人是目的,也是资源,是推动乡村振兴战略最关键的因素;土地则是农民安身立命之本,也是乡村最重要的生产要素之一。正如时任中央农村工作领导小组办公室主任韩俊所指出的,解决"钱、地、人"的问题是实施乡村振兴战略的关键环节,而其中,处理好农民和土地的关系则是深化农村

---

① 叶敬忠:《乡村振兴战略:历史沿循、总体布局与路径省思》,《华南师范大学学报》(社会科学版)2018 年第 2 期。
② 贺雪峰:《谁的乡村建设——乡村振兴战略的实施前提》,《探索与争鸣》2017 年第 12 期;贺雪峰:《关于实施乡村振兴战略的几个问题》,《南京农业大学学报》(社会科学版)2018 年第 3 期;贺雪峰:《城乡二元结构视野下的乡村振兴》,《北京工业大学学报》(社会科学版)2018 年第 5 期。

改革的主线。① 在城乡融合发展的新阶段,乡村必须构建和谐永续的人地关系。在顶层的制度设计层面,建构新型人地关系的关键在于通过户籍制度与土地制度改革,破解机制障碍,使劳动力和土地等要素实现城乡间自由流动。

在很长一段时间内,我国的户籍制度都是劳动力要素在城乡间自由流动的障碍。在城乡二元结构下,我国实行城乡分治的户籍制度,农民向城市的流动受到层层限制。改革开放以来,城乡人口流动政策虽然逐步松动,但户籍制度改革却一直滞后于社会变迁。② 在城市化进程中,乡村劳动力虽大规模地流入城市,但却囿于农村户籍的限制,始终无法获得与城市居民同等的权利。户籍制度作为基础性制度安排,牵动着社会保障制度、教育制度、医疗制度等诸多关键性制度安排。③ 进城劳动力无法取得城镇户籍,也就无法在教育、医疗和社会保障等公共服务供给上获得与城市居民同等的权利。而农村流动人口市民化的第一步,就是要获得与城市居民相同的合法身份和社会权利。④ 因此,户籍制度既限制了劳动力要素的流转,也为农村流动人口带来了身份和权利的限制,阻碍了他们的市民化进程。乡村振兴战略的推进有赖于劳动力要素的自由流动,而农民市民化则是城乡融合发展阶段的中心任务之一。这都要求我们通过户籍制度改革,消除阻碍城乡人

---

① 新华社:《谋划新时代乡村振兴的顶层设计——中央农办主任韩俊解读 2018 年中央一号文件》,《源流》2018 年第 3 期。
② 邹一南:《从二元对立到城乡融合:中国工农城乡关系的制度性重构》,《科学社会主义》2020 年第 3 期。
③ 熊易寒:《移民政治:当代中国的城市化道路与群体命运》,复旦大学出版社 2019 年版,第 31—34 页。
④ 文军:《农民市民化:从农民到市民的角色转型》,《华东师范大学学报》(哲学社会科学版)2004 年第 3 期。

口流动的机制障碍,推动城市非户籍人口落户和城市公共服务均等化进程。

农村土地是重要的生产要素,土地制度牵动着乡村振兴的成败。对于城乡融合发展而言,土地制度改革具有基础性地位,也是实现城乡融合发展的突破口。① 城乡二元土地制度是塑造和强化城乡二元结构的重要因素。在城乡二元土地制度下,城市的国有土地可以用于工商业建设等多元化开发用途,而农村的集体土地在用于非农业建设时面临着诸多限制。这既降低了土地资源配置的效率,也损害了农户的经营收益权,加剧了城乡之间的不平等。巩固和完善农村基本经营制度,是实现乡村振兴的重要基础。近年来在精准扶贫和乡村振兴的背景下,我国在巩固和完善农村基本经营制度、深化农村土地制度改革上迈出了重要的步伐。十八大以来,通过修正相关法律法规、建立农村土地"三权分置"制度、开展农村土地承包经营权确权登记颁证、发展多种形式适度规模经营等举措,农村土地制度改革不断深化。②"三权分置"在依法保护集体土地所有权和农户承包权的前提下,平等保护土地经营权。这一改革既保护了农户利益,又能促进农村土地经营权流转和土地资源的优化配置,提高农业生产效率,为乡村振兴提供了坚实的制度基础。

围绕土地制度改革,学界已有许多有益的讨论。例如,有学者指出应当进一步优化"三权分置"制度:在所有权层面通过"土地股份制"等制度创新完善村集体经济的法人性质;在承包权层面逐步建立农民进入退出机制;在经营权层面则应当为农村土地承包经

---

① 邹一南:《从二元对立到城乡融合:中国工农城乡关系的制度性重构》,《科学社会主义》2020年第3期。
② 韩长赋:《中国农村土地制度改革》,《农业经济问题》2019年第1期。

营权流转服务提供平台、资源、政策与基础设施等支持。① 当然，农村土地制度改革在推进中也存在一些问题，例如：宅基地制度改革试点在推进中存在过于追求节约集约、过于强调当下利益及城镇化导向明显等问题；②宅基地"三权分置"的实施也遭遇"资格权"创设法理依据不足、农民享有处分权的程度存疑、法律法规不完善等诸多困局；③在实际土地流转中，由于相关法律法规细则和土地流转交易平台尚不健全，普遍存在租期偏短、增速较低、风险较大、违约较多等问题。④ 在进一步深化土地制度改革的进程中，应当通过完善制度法律、优化权能结构等方式，完善乡村基本经营制度，实现农户利益和乡村发展。

户籍制度改革旨在实现劳动力要素的城乡自由流动，土地制度改革则旨在解决土地要素流动不充分的问题。要解决乡村振兴中的人地矛盾，必须同时关注劳动力和土地要素，不能孤立讨论户籍制度和土地制度。要解决现实中出现的"人地分离""守着地、没地用"等问题，就必须推进两者的联动式改革。户籍政策、土地制度也与社会制度、传统文化及乡土情结等一起，构成了我国逆城市化现象的重要因素。⑤ 目前，在"就地城镇化"的思路下兴起于长三角地区的"土地换社保"，就是户籍制度与土地制度联动改革的一次尝试。有学者指出，实现农村土地权利和城市户籍权利的对

---

① 杜伟、黄敏：《关于乡村振兴战略背景下农村土地制度改革的思考》，《四川师范大学学报》(社会科学版)2018年第1期。
② 刘锐：《乡村振兴战略框架下的宅基地制度改革》，《理论与改革》2018年第3期。
③ 丁国民、龙圣锦：《乡村振兴战略背景下农村宅基地"三权分置"的障碍与破解》，《西北农林科技大学学报》(社会科学版)2019年第1期。
④ 郭金丰：《乡村振兴战略下的农村土地流转：市场特征、利益动因与制度改进——以江西为例》，《求实》2018年第3期。
⑤ 王兴周：《乡村振兴背景下逆城市化动力机制探析》，《江海学刊》2021年第3期。

等置换,是兼顾效率与公平的改革实施路径。① 在实际操作中,由于机制尚不完善,"土地换社保"亦会带来农民权益受损等问题,其在中西部乡村地区的实施效果也有待观察。② 然而,户籍制度与土地制度联动改革的思路,却是乡村振兴的框架下协调人地关系的应取之策。

三、要素关系——城乡要素的双向自由流动

要素关系实际上是城乡关系的延伸和表现。在城乡二元格局下,城乡间的要素关系以劳动力、资本等各类生产要素自乡村向城市的大规模单向流动为特征,导致要素聚集于城市,乡村普遍"空心化",出现城乡发展不平衡的局面。正如《意见》指出的,"城乡之间要素合理流动机制亟待健全"已成为乡村振兴战略亟须解决的问题之一。乡村振兴战略旨在通过城乡融合发展,破除体制机制上阻碍要素流动的弊端,解决城乡间要素流动不自由、不畅通和要素配置不合理的问题,形成城乡间双向自由流动的新要素关系。

乡村振兴本质上要解决"钱、地、人"等核心要素资源的配置问题。③ 要实现"产业兴旺、生态宜居、乡风文明、治理有效、生活富裕",除了需要体制机制创新,人才支撑和资金来源也相当重

---

① 邹一南:《从二元对立到城乡融合:中国工农城乡关系的制度性重构》,《科学社会主义》2020年第3期。
② 熊易寒:《移民政治:当代中国的城市化道路与群体命运》,复旦大学出版社2019年版,第74—81页。
③ 新华社:《谋划新时代乡村振兴的顶层设计——中央农办主任韩俊解读2018年中央一号文件》,《源流》2018年第3期。

要。① 过去40年来,随着农民大规模流向城市,乡村的劳动力、资本等要素向城市流动,乡村逐渐"空心化"。而大量的农村土地资源则处于既不开发又不流通的闲置状态,农业生产效率低下。此外,由于城乡要素关系的割裂,城市聚集的人才、技术和产业要素也无法流向乡村。因此,城乡间要素的单向流动是乡村问题的症结所在,它使乡村经济陷入"要素外流—经济发展缓慢—要素进一步外流—经济更难发展"的恶性循环。② 在"以工促农,以城带乡"阶段,国家强调工业反哺农业、城市支持农村,通过行政力量让城市富集的人才、资金和技术等要素反哺农村。这一战略有助于在一定程度上缩小城乡差距,但乡村相对于城市依然处于从属地位;政府的过度主导与市场机制发挥不足,未能使乡村衰落的局面得到根本改善。③

事实上,乡村人口向城市流动集聚是城市化进程的正常现象,也是现代化的应有之义。乡村的人口减少并不必然意味着乡村的空心化、原子化与乡村衰败。在许多高度城市化的发达国家,乡村人口占总人口的比例相当低,但其城乡的产业发展与公共服务水平相差无几。因此,乡村振兴的关键在于实现城乡间的要素双向自由流动,消除阻碍要素进城和下乡的制度壁垒。④ 双向自由流动的要素关系也意味着城乡关系由不平等走向平等,由单向扶持转向双向互补和平等互动,真正实现"城乡互动""工农互促"式的

---

① 孔祥智:《产业兴旺是乡村振兴的基础》,《农村金融研究》2018年第2期。
② 郭素芳:《城乡要素双向流动框架下乡村振兴的内在逻辑与保障机制》,《天津行政学院学报》2018年第3期。
③ 邹一南:《从二元对立到城乡融合:中国工农城乡关系的制度性重构》,《科学社会主义》2020年第3期。
④ 马跃:《基于逆城市化视角的乡村振兴实现路径研究》,《淮北师范大学学报》(哲学社会科学版)2018年第3期。

融合发展。① 在劳动力、资本、土地、企业家才能、技术、信息六大类生产要素中,乡村企业在劳动力和土地要素上占据优势,城市企业则在其他生产要素上占据优势。通过要素双向自由流动机制,城乡经济主体可以实现优势禀赋互换。② 在劳动力要素上,不仅要通过户籍制度改革加快实现进城劳动力的市民化,也要鼓励有活力的人才进入乡村,返乡创业、下乡创业;在土地要素上,重点在于通过"三权分置"等土地制度改革,让乡村闲置的土地流动起来,提高农业经营效率;在资金要素上,应当通过改革农村金融体制,引导城市资本下乡。由此,通过形成城乡要素双向流动的良性循环,才能真正解决乡村"钱、地、人"等要素短缺的问题。

如何才能实现城乡要素的双向自由流动?要解决好这一问题,一要靠市场,二要靠政府。其中,市场应当在要素资源配置中起到决定性作用,而政府则应当在破解体制机制弊端中扮演关键角色。对于实现城乡要素双向流动的具体举措,诸多学者也已经提出了丰富的观点。例如,宁志中等强调首先应当扩大乡村可流动要素类型、增强要素流动权能、补齐基础设施短板。③ 郭素芳则强调,要突破农村缺乏吸引生产要素流入的良好环境,必须建立要素主体共享的城乡利益联结机制,建立市场主导和政府引导相结合的城乡要素功能互补机制,建立财政、货币、土地等各项政策协

---

① 邹一南:《从二元对立到城乡融合:中国工农城乡关系的制度性重构》,《科学社会主义》2020年第3期;郭素芳:《城乡要素双向流动框架下乡村振兴的内在逻辑与保障机制》,《天津行政学院学报》2018年第3期。
② 王向阳、谭静、申学锋:《城乡资源要素双向流动的理论框架与政策思考》,《农业经济问题》2020年第10期。
③ 宁志中、张琦:《乡村优先发展背景下城乡要素流动与优化配置》,《地理研究》2020年第10期。

调配套机制,构建乡村内生发展动力机制。① 王向阳等认为,双向流动的要素关系意味着计划管制思维向市场治理思维转变,要素配置理念由"重物轻人"向"以人为本"转变,要素配置方式由单一政策主导向多维主体共治转变。因此,必须发挥市场在资源配置中的决定性作用,要破除城乡分割的产权制度体系,同时积极运用制度、市场、政府和社会四大关键驱动因素,建立城乡统一的要素市场。②

在城乡融合发展的背景下,通过发挥市场和政府的作用,推动建立城乡双向自由流动、优势互补的要素关系,是对我国城乡发展逻辑的一次深刻变革。在双向自由流动的要素关系中,市场将在要素资源配置中起到决定性作用。这不仅能服务乡村振兴大局,解决乡村发展的"钱、地、人"等关键问题,也有利于城市发展与新型城镇化的推进。通过要素关系的重构,我国将彻底告别城乡二元结构,建立起工农互促、城乡互补、全面融合、共同繁荣的新型城乡关系。

四、乡村治理——党建引领下的多元共治格局

有效治理是乡村振兴战略的总方针之一。中央在《意见》中也提出,"农村基层党建存在薄弱环节,乡村治理体系和治理能力亟待强化",是发展不平衡不充分问题在乡村的体现之一。实现乡村有效治理既是推进乡村振兴的前提和目标,也是国家治理能力和

---

① 郭素芳:《城乡要素双向流动框架下乡村振兴的内在逻辑与保障机制》,《天津行政学院学报》2018年第3期。
② 王向阳、谭静、申学锋:《城乡资源要素双向流动的理论框架与政策思考》,《农业经济问题》2020年第10期。

治理体系现代化的末梢环节。因此,研究乡村振兴必然要求我们关注乡村振兴背景下基层乡村治理的发展。乡村振兴背景下的基层治理格局,应当是党建引领下多元共治的新格局。

首先,党建引领是实现乡村治理有效的根本保证。中国共产党的全面领导是中国特色社会主义最重要的制度优势,也是实现国家战略目标的政治保证。完善城乡基层治理体系,始终离不开党的领导。习近平总书记在不同场合多次强调,基层治理中要加强党的领导、强化党建引领。"三治融合"的乡村治理格局需要多主体的参与,但只有坚持党建引领,党的领导与村民自治才不至于成为"两张皮"。通过乡村基层党组织的建设,可以强化党的政治领导力、思想引领力、群众组织力、社会号召力,进而调动乡村各类主体参与治理,是实现乡村振兴的关键。① 对于乡村振兴中党建引领的作用,目前学界已形成丰富的论述。有学者指出,村级党组织涣散与村庄社会关联的断裂,可能制约乡村振兴目标的实现。② 在"后乡绅时代",基层党组织成为国家与社会之间的新中介型载体。因此,推动强化村级党建是乡村治理的有效机制,也是乡村振兴的前提。实证研究的经验证据也支持了这一观点。例如,鲁西北某村党员"包片联户"的田野证据表明,村级党建和治理下沉能够引领集体行动、再造乡土自性的新治理格局。③ 从治理

---

① 赵欢春、丁忠甫:《"乡村振兴战略"架构下基层党组织领导乡村治理的能力体系研究》,《江苏社会科学》2021年第1期。
② 陈善友:《乡村振兴背景下强化村党组织功能的若干路径——基于湖北W村的调查》,《中州学刊》2019年第2期;许晓、季乃礼:《村级党建、治理重心下移与乡村振兴——基于Y村党员"包片联户"制度的田野调查》,《西南民族大学学报》(人文社会科学版)2021年第3期。
③ 许晓、季乃礼:《村级党建、治理重心下移与乡村振兴——基于Y村党员"包片联户"制度的田野调查》,《西南民族大学学报》(人文社会科学版)2021年第3期。

角度看,乡村振兴需要形成党建引领下民主参与、多元共治的协商机制。①

其次,乡村振兴必然要求乡村基层治理中的多主体参与。根据全球治理委员会的经典定义,"治理"(governance)意味着"各种公共的或私人的个人或机构管理其共同事务的总和"②。和传统的管理相比,治理具有公共部门与私人部门共同参与,强调协调而非控制、服务而非统治等特征。村民自治是自治、法治、德治"三治融合"之首。在党的领导下,乡村基层的多元主体共治,是乡村自治的应有之义。乡村发展自主型治理,有助于破解乡村振兴进程中出现的"精英俘获"困境。③ 学界对于乡村多元共治格局的关注由来已久。有学者指出,发展基层党组织、政府、社会组织和居民等主体共同参与的农村社区治理现代化模式,是实施乡村振兴战略的重要保障;④亦有学者基于发达国家的乡村振兴实践,在"优势治理"的概念指引下提出政府和农民等不同的参与要素应当各显优势、协同治理,形成合力善治;⑤还有学者认为,中国的乡村共同体经历了自然共同体、政治共同体和利益共同体三个阶段,但在改革开放以来的经济变迁中尚未形成新的共同体模式。因此,当下的乡村振兴应当通过转变政府职能、重塑乡村权威、培育乡村公

---

① 张锋:《乡村振兴背景下农村社区协商治理机制研究》,《上海行政学院学报》2019 年第 6 期。
② 郑敬高主编:《地方公共管理实务与创新》,中国海洋大学出版社 2013 年版,第 360 页。
③ 陈亮、谢琦:《乡村振兴过程中公共事务的"精英俘获"困境及自主型治理——基于 H 省 L 县"组组通工程"的个案研究》,《社会主义研究》2018 年第 5 期。
④ 文丰安:《我国农村社区治理的发展与启示:基于乡村振兴战略的视角》,《湖北大学学报》(哲学社会科学版)2020 年第 2 期。
⑤ 张大维:《优势治理的概念建构与乡村振兴的国际经验——政府与农民有效衔接的视角》,《山东社会科学》2019 年第 7 期。

共精神、振兴乡村文化等手段,重构以多元合作为核心特征的新型乡村共同体。① 就具体实施而言,学者关注不同主体在乡村振兴和乡村治理重构中的角色。有学者关注村民委员会作为基层自治组织在"三治融合"中发挥的作用,提出村民委员会"依法行权"是实施乡村振兴战略的必要前提和保证;② 也有学者关注乡镇政府在乡村振兴中的角色,指出乡镇政府实现职能转变是形成乡村多元主体共治局面的前提;③ 还有学者关注村集体经济组织等村社集体在乡村振兴中的作用。④

在推动多主体参与的"三治融合"模式中,传统的乡村治理资源得到了特别的关注。如何从传统的乡村治理逻辑中汲取智慧,实现传统乡村治理资源的创造性转化,成为学界的关注重点。有学者强调,乡村治理创新需要增强服务能力、激发农村自治活力,创造性地利用乡村传统,⑤ 而精英治理极化、传统文化治理缺失、乡镇政府治理功能弱化和治理逻辑碎片化是乡村振兴进程中治理的困境所在。因此,乡村振兴在健全乡村治理逻辑,进而形成治理合力的进程中,也应当加强传统文化治理。⑥ 具体而言,宗族、乡贤等传统乡村治理的关键因素,就可以被创造性转化为新时期乡

---

① 刘祖云、张诚:《重构乡村共同体:乡村振兴的现实路径》,《甘肃社会科学》2018年第4期。
② 李渡、汪鑫:《论村民委员会"依法行权"的现实困境与治理路径——析"村治"法治化与乡村振兴战略互动共维关系》,《山东社会科学》2019年第7期。
③ 黄建红:《三维框架:乡村振兴战略中乡镇政府职能的转变》,《行政论坛》2018年第3期。
④ 陈柏峰:《乡村振兴战略背景下的村社集体:现状与未来》,《武汉大学学报》(哲学社会科学版)2018年第3期;贺雪峰:《乡村振兴与农村集体经济》,《武汉大学学报》(哲学社会科学版)2019年第4期。
⑤ 徐勇:《城乡一体化进程中的乡村治理创新》,《中国农村经济》2016年第10期。
⑥ 江维国、李立清:《顶层设计与基层实践响应:乡村振兴下的乡村治理创新研究》,《马克思主义与现实》2018年第4期。

村基层治理的有益资源,发挥对乡村振兴战略的积极作用。实证研究的田野证据发现,宗族在今天的许多乡村社会中依然具有不可替代的作用。对宗族的角色扬长避短,发挥其在凝聚共识、促进相互信任、塑造价值观等方面的作用,能够有力地支持乡村振兴战略。① 发掘"新乡贤"在乡村治理中的作用,也是创造性转化传统治理资源的重要例证。近年来,中央政策大力推动"新乡贤"回归,服务于全面脱贫攻坚和乡村振兴战略。乡土社会具备"维系血缘、亲缘、族缘"的内生性需求;"新乡贤"作为社区内生资源参与乡村社区治理,有助于在乡村社会实现"三治融合"。② 同时,"新乡贤"可以被视为新时期乡村中的关系型社会资本,在基层政府机构和村民之间发挥黏合剂和桥梁纽带作用,是推动乡村振兴战略实施的重要动力。③

五、主体性、禀赋与机遇——乡村振兴的地方样式

在中央的统一领导下,充分调动地方的积极性和创造性,鼓励因地制宜地在实践中进行制度创新,这是中国式现代化的另一条重要经验。一方面,制度的顶层设计来源于基层实践经验;另一方面,基层实践的探索需在顶层设计的指导下进行。④ 乡村振兴战

---

① 岳成浩、吴培豪:《重构抑或消亡:乡村振兴背景下宗族功能再定位研究》,《西北大学学报》(哲学社会科学版)2019 年第 3 期。
② 武小龙、刘祖云:《社区自助、协同供给与乡村振兴——澳大利亚乡村建设的理念与实践》,《国外社会科学》2019 年第 1 期;付翠莲、张慧:《"动员—自发"逻辑转换下新乡贤助推乡村振兴的内在机理与路径》,《行政论坛》2021 年第 1 期。
③ 唐任伍、孟娜、刘洋:《关系型社会资本:"新乡贤"对乡村振兴战略实施的推动》,《治理现代化研究》2021 年第 1 期。
④ 卢黎歌、武星星:《后扶贫时期推进脱贫攻坚与乡村振兴有机衔接的学理阐释》,《当代世界与社会主义》2020 年第 2 期。

略也同样如此。中国乡村的巨大体量和异质性决定了乡村振兴不可能存在一个统一的模式,而是必须根据在地经验分类施策,探索多元的现代化发展道路。①《意见》将我国的乡村分为集聚提升类村庄、城郊融合类村庄、特色保护类村庄和搬迁撤并类村庄等类型。在农民主体性、禀赋差异性和机遇偶然性上,不同的乡村各具特色,因而在乡村振兴进程中涌现出形形色色的地方样式。

目前,学界围绕乡村振兴在省、市层级的地方样式,已经形成了一系列专著。② 在学术期刊上,介绍乡村振兴地方经验的文章也已汗牛充栋。在各地的乡村振兴实践中,围绕土地制度的创新是一个重要主题。例如,江西省修水县马坳乡黄溪村实行"确权不确地、分红按人头、补贴归原户、组级管理、村级整包"的"确权确股不确地"模式,并以"人—地—钱"挂钩的方式促进要素的同步聚集与优化配置。③ 还有学者专门考察了各地土地制度创新的不同实践,如贵州省安顺市的"三权"促"三变"模式、山东省东平县的"土地股份合作模式"、四川省崇州市的"农业共营模式"与湖南省长沙市的"土地合作经营模式"等。④ 围绕产业发展和要素重构,各地乡村也基于要素禀赋的差异,发展了不同的优势主导产业。在乡

---

① 郭津佑、石白玉、萧洪恩:《乡村振兴:中国现代化道路探索的新成果》,《贵州民族研究》2018年第12期;邓磊:《西部民族地区乡村变迁与乡村振兴》,《华中师范大学学报》(人文社会科学版)2018年第6期。
② 陈俊红:《北京推进实施乡村振兴战略的对策研究》,中国经济出版社2019年版;孙景淼等:《乡村振兴的浙江实践》,浙江人民出版社2019年版;郭艳华主编:《乡村振兴的广州实践》,广州出版社2019年版;陈国胜主编:《乡村振兴温州样本》,中国农业大学出版社2019年版;吴永华、李宝值:《乡村振兴的浙江探索》,中国农业出版社2021年版。不一而足。
③ 陈美球、廖彩荣、刘桃菊:《乡村振兴、集体经济组织与土地使用制度创新——基于江西黄溪村的实践分析》,《南京农业大学学报》(社会科学版)2018年第2期。
④ 管洪彦、孔祥智:《农地"三权分置"典型模式的改革启示与未来展望》,《经济体制改革》2018年第6期。

村振兴中，诸多乡村逐渐告别发展"低小散"第二产业的单一模式，而是因地制宜发展现代农业，或是依托"绿水青山"等自然生态资源发展以旅游业为主导的第三产业。例如，浙江省宁波市五个村落利用其依山、傍海等自然禀赋和依托宁波的区位优势，着力发展乡村旅游业，走以第三产业为主的乡村振兴道路。① 而围绕提升村民组织化程度和实现村民"再组织化"，从"村事村议"制度、"十户一体"抱团发展模式等治理机制创新，到"一核多元、合作共治""共建共治共享"等治理理念创新，各地的乡村治理实践创新也遍地开花。②

与偏远乡村相比，大城市郊区的乡村由于具备毗邻城市的区位优势，在乡村振兴的进程中能够更便利地承接来自城市的人才、资本、产业等要素资源。然而在改革开放以来的城市化进程中，近郊乡村虽然依靠承接城市溢出的部分第二产业迅速崛起，但也面临无序扩张、治理衰落、产业散乱、环境污染等问题。在城乡融合发展阶段，城郊乡村如何调动农民主体性，积极利用优势禀赋，承接城市资源溢出效应，是大都市乡村振兴的重要课题。要解决这一课题，关键在于重构城乡关系和要素关系。有学者指出，应当以"城乡等值"理念引领上海等大都市的乡村振兴，积极推动城乡要

---

① 刘炳辉：《乡村振兴的"宁波经验"——基于五个村社的讨论》，《文化纵横》2021年第2期。

② 陈美球、廖彩荣、刘桃菊：《乡村振兴、集体经济组织与土地使用制度创新——基于江西黄溪村的实践分析》，《南京农业大学学报》（社会科学版）2018年第2期；孙萍、张春敏：《再组织化与民族地区农村基层治理创新——以贵州G县"十户一体"抱团发展的村治实践为例》，《西南民族大学学报》（人文社会科学版）2020年第11期；刘炳辉：《乡村振兴的"宁波经验"——基于五个村社的讨论》，《文化纵横》2021年第2期。

素的双向流通。① 在已有实践中,位于浙江省杭州市近郊的黄湖镇青山村为特大城市周边乡村振兴提供了特色样式。在乡村振兴战略的推动和政府、乡村、社会的共同参与下,青山村借助城市溢出的人才、资金项目、公共服务等资源实现了本地资源优势向产业优势的转化,并在这一进程中形成了生态绿色发展的格局。②

归根结底,乡村振兴的目标是为了广大村民的根本利益。如果一味推广千篇一律的模式,而忽视当地条件和村民意愿,这样的振兴就注定无法成功,许多地方"逼民致富"的失败就是例证。因此在乡村振兴的实践中,必须处理好"一"和"多"的辩证统一关系,也就是要在坚持党的集中统一领导和顶层设计前提下,充分尊重当地村民的首创精神和乡村发展模式的多样性。而关于乡村振兴的研究,也应当实现"一"和"多"的辩证统一。正如一些学者所言,目前学界对于乡村振兴的讨论存在"宏观规范性研究与微观实证性研究的相互割裂;基础性理论研究与实践对策研究缺乏融通"等问题。③ 真正既具备宏观的理论视野,又能够走入田野中的地方样式、解决乡村振兴实际问题的研究尚且不足。奉贤区是上海市的郊区,奉贤的乡村振兴正是以国际大都市为依托。在城乡关系、人地关系与要素关系的重构上,乡村振兴的奉贤模式都提供了生动的实践经验,为解决国际大都市为什么需要乡村、国际大都市背景下如何实现乡村振兴等重要的现实问题提供了思路。

---

① 熊竞、伋晓光:《基于"城乡等值"理念的超大城市乡村振兴推进路径研究——以上海为例》,《上海城市管理》2021年第3期。
② 王相华:《资源外溢承接与内生动力培育:特大城市周边乡村振兴发展的可行路径——以杭州黄湖镇青山村为例》,《浙江学刊》2021年第4期。
③ 王振波、刘亚男:《新时代背景下我国乡村振兴研究述评——基于十九大以来的文献考察》,《社会主义研究》2020年第4期。

第二章
乡村振兴的奉贤模式：人、土地与产业的协同发展

第二章　乡村振兴的奉贤模式：人、土地与产业的协同发展

如何处理城乡之间的关系，是国家在不同发展时期面临的核心问题之一。乡村振兴战略是党和国家提出的一种新的发展理念，旨在构建一种新型的城乡关系，实现城乡的融合发展，健全城乡融合发展的体制机制。上海市奉贤区通过积极推动各类生产要素向乡村流动，在乡村建立了人才、土地、资金、信息和技术汇聚的良性循环机制，实现了生产要素的资本化，形成了乡村振兴的奉贤模式。其中，产业是动力，土地是资源，人是目的。乡村振兴的奉贤模式旨在最终实现人、土地和产业的协同发展。

一、从城乡分割到城乡融合发展

从发展历史进程来看，中国的城乡关系经历了从城乡分割到城乡融合发展的演变过程。城乡关系的分割与融合的演变，实际上与国家在不同时期的发展战略密不可分。中华人民共和国成立初期，国家采取重工业优先发展的战略，通过一系列制度安排逐步建立起城乡二元体制。改革开放以来，国家战略由计划体制下重工业优先发展转向市场经济体制的建立和完善，城乡之间的壁垒也随之逐渐被打破。[①] 近年来，随着党和国家对"三农"问题的持

---

① 张海鹏：《中国城乡关系演变70年：从分割到融合》，《中国农村经济》2019年第3期。

续关注,城乡关系不断走向融合。十八大以来,城乡融合发展成为解决"三农"问题的根本途径,十九大则提出了在乡村振兴战略下实现城乡融合的新理念。

(一)城乡分割的形成

新中国成立初期,国家采取的是允许不同经济成分共同发展的经济政策,允许农村土地、劳动力、资本等生产要素在城市和农村之间自由流动,城市与农村经济发展相对自由。[1] 20世纪50年代初,为了迅速从落后的农业国转变为先进的工业国,党和国家领导人确立了优先发展重工业的战略,"优先发展重工业"是理解这一时期经济体制的逻辑起点,这一战略也体现了苏联的经济体制与发展路径带来的学习效应。[2]

然而,重工业的发展需要大量的资本投入,但依靠此时国内工业自身的积累很难满足资金需求。为了服务于重工业优先发展的战略,国家试图通过财政手段解决资金需求难题。那么,如何通过增加财政收入来满足工业生产所需的资本要素呢?考虑到农民在中华人民共和国成立之前对农业上的苛捐杂税苦不堪言,国家采取了较为间接的工农产品价格剪刀差的方式来集中农业剩余,为工业发展提供保障。[3] 作为配套,国家实行了主要农产品统购统销制度以及农业集体经营体制:为了压低企业的生产要素价格、快速积累工业资本,国家在农村以低价统一收购农产品,再转而销售给城市工业企业;为了确保农民生产纳入统购统销范围的农产品,

---

[1] 谢志强、姜典航:《城乡关系演变:历史轨迹及其基本特点》,《中共中央党校学报》2011年第4期。
[2] 参见林毅夫:《中国经济专题》(第二版),北京大学出版社2012年版。
[3] 张海鹏:《中国城乡关系演变70年:从分割到融合》,《中国农村经济》2019年第3期。

又实行了农业集体化策略。设置工农业价格剪刀差、实行主要农产品统购统销制度以及推行农业集体化,事实上造成了经济上的城乡分割。①

除了经济领域,社会领域也同样形成了城乡分割的形态。20世纪50年代初期,中国城乡之间的人口流动并没有受到严格的限制,呈现出城乡双向流动的状态。在剪刀差、统购统销和农业集体化的制度配合下,农业为工业化提供积累的体制基本确立,农民的利益明显受到损害,这也导致一些农民开始从农村涌向城市。与此同时,重工业的劳动吸纳能力较弱,城市自身的就业问题也日益突出。在这两方面因素的共同推动下,政府开始通过户籍制度限制农民进城。1958年颁布的《中华人民共和国户口登记条例》,明确以行政法规的形式严格限制农民进入城市,限制人口在城乡之间流动,城乡分割的户籍制度正式建立,户籍制度成为阻碍农村劳动力向城市流动的重要因素。由于农村人口被排除在城市之外,以城市户籍制度为基础的福利制度,包括医疗、住房、教育和养老等具有排他性的福利制度逐渐建立,最终造成了社会层面的城乡分割。

经济层面和社会层面的城乡分割,对农村产生了较大的负面影响。第一,农业发展的基础条件被严重削弱,农民的生产积极性降低。在重工业优先发展的战略下,农业的功能被限定在为城市居民提供低价农产品和为工业发展提供资金。第二,城乡之间生产要素的分配按照计划配置。政府不仅严格控制农村劳动力要素向城市流动,而且还鼓励资本要素由农村流向城市。劳动力和资金的长期反向流动,使城乡要素配置失衡的状况不断加剧。第三,

---

① 参见林毅夫、蔡昉、李周:《中国的奇迹:发展战略与经济改革》(增订版),上海人民出版社1999年版。

农村基层长期处于政府的严格管控之中。政府通过集体化组织的方式对农民的生产生活都进行严格管理和控制。例如农村只能搞农业,主要任务是向城市提供农产品和生产资料,并且,在农业生产中农民种什么、怎么种、谁来种、交到哪里以及出售价格都有明确的规定。第四,形成了具有城乡差异的福利制度。以户籍制度为基础,政府在城市和农村分别建立起独立的福利制度——为城镇居民提供几乎包括"从摇篮到坟墓"的福利保障支持,而农村则只能得到少量现金和实物救助。[①]

(二)城乡分割的打破

改革开放之后,国家的战略转移到建立和完善市场经济体系。由于户籍等制度安排的存在,劳动力很难在城乡之间自由流动,这在一定程度上阻碍了市场经济的发展。因此,国家通过家庭联产承包责任制、逐步放开户籍制度、建立城乡统一的劳动力市场等一系列政策,逐渐打破城乡分割的局面,推动市场经济的发展。

党的十一届三中全会以后,农村地区实行的家庭承包责任制,放松了政府对农村经济活动的控制,农民重新获得了生产的自主权,家庭在农业生产中获得了主体地位,农业生产的内部激励机制得到改善。与此同时,政府还放开粮食交易市场并提高农产品的收购价格,通过"让利"的方式对农民的农业生产行为形成外部激励。政府恢复农业家庭经营和减少对农业剩余汲取的做法,不但迅速满足了农民的粮食供给,而且使全社会的农产品短缺问题得到了极大的缓解。[②] 与此同时,政府也对农产品市场体制进行了

---

① 张海鹏:《中国城乡关系演变 70 年:从分割到融合》,《中国农村经济》2019 年第 3 期。

② 同上。

改革,打破农产品统购统销的制度,放开农产品的价格,鼓励农民依市场需求组织农业生产活动。

家庭联产承包责任制和农产品市场改革的推进,不仅大大提高了全国农业总产值,也为城乡劳动力市场发育创造了条件。农业生产效率的提升,使农民从事农业生产的时间大幅降低,农民迫切需要通过产业转移来提高劳动生产率。然而,由于户籍制度对农民进城的限制,农村劳动力依然很难进入城市的生产部门工作。1981年,国务院明确要求:"大力发展农村经济,引导农村多余劳动力在乡村搞多种经营,不要往城里挤。同时,要采取有效措施,严格控制农村劳动力进城做工和农业人口转为非农业人口。"[1]因此,农民只能通过"离土不离乡、进厂不进城"的方式,进入周边的企业从事非农产业生产。在这一时期,由于乡镇企业的异军突起,乡镇企业成为吸纳农村劳动力的重要生产部门。在1983年至1988年这五年时间里,进入乡镇企业工作的农村劳动力总数达到6 300万人。[2]

进入20世纪90年代,乡镇企业由于自身发展的原因,吸收农民就业的能力逐渐弱化。随着市场经济中多种所有制企业的逐步发展,国有企业、外资企业和私营企业成了吸纳农村劳动力的主力军,市场经济的蓬勃发展也为城乡关系继续调整提供了新的动力。城市经济增长对农村剩余劳动力产生巨大需求,促使大量农村劳动力涌入城市,这成为无法阻挡的趋势。城乡之间统一的劳动力市场逐

---

[1] 《北京市人民政府转发〈国务院关于严格控制农村劳动力进城做工和农业人口转为非农业人口的通知〉的通知》(京政发〔1982〕41号),北京市人民政府网站,http://www.beijing.gov.cn/zhengce/zfwj/zfwj/szfwj/201905/t20190523_70505.html,最后浏览日期:2022年3月15日。

[2] 中国农民工问题研究总报告起草组:《中国农民工问题研究总报告》,《改革》2006年第5期。

步建立,作为生产要素之一的劳动力得以在城乡之间自由流动。

尽管农村劳动力能够进入城市的生产领域,但他们在城市中仍然面临严格的条件限制和各种歧视。大批农村劳动力进入城市工厂,相关制度壁垒塑造了"农民工"这一身份群体。① 农民工形成了庞大的打工主体,带有强烈的劳动力商品化、出卖劳动力以换取报酬的意味。农民工不仅工资收入普遍偏低,而且在社会保障和福利待遇等方面也受到制度性歧视。② 来自农村的农民工与国有企业和集体企业中的城市本地劳动力,在工资水平、工作环境以及社会保障等方面相去甚远。③

在广大农村地区,随着大量农村青壮年劳动力进城务工,农村地区的劳动力严重不足,成为阻碍农村地区发展的关键因素,加之资本、土地等生产要素普遍聚集于工业生产领域,使得农村地区的经济发展水平普遍落后于城市。由于政府的市场经济导向,其资源投入依然偏向城市的第二、第三产业,对农村的投入不仅较低,而且还呈现逐年下降的趋势。改革开放前,国家资金投入偏向城市,城市工业在政府投资中的比重维持在50%左右,而农业的比重则基本保持在10%。④ 改革开放以来,政府投资中农业的比重进一步下降,从1978年的13.43%下降到1996年的8.82%,⑤虽然存在零星的阶段性上升现象,但总体仍呈不断下降的趋势。除了

---

① 陈映芳:《"农民工":制度安排与身份认同》,《社会学研究》2005年第3期。
② 刘林平、雍昕、舒玢玢:《劳动权益的地区差异——基于对珠三角和长三角地区外来工的问卷调查》,《中国社会科学》2011年第2期。
③ 姚先国、赖普清:《中国劳资关系的城乡户籍差异》,《经济研究》2004年第7期。
④ 董志凯:《我国农村基础设施投资的变迁(1950—2006年)》,《中国经济史研究》2008年第3期。
⑤ 张海鹏:《中国城乡关系演变70年:从分割到融合》,《中国农村经济》2019年第3期。

生产投入偏低之外,政府对于农村地区基础设施的投入尽管逐年增加,但从农村地区的基础设施投入占基础建设总投资的比重来看,依然处于偏低的水平,基本处于 4% 以下。① 政府对农村生产性投资和基建投入下降的一个后果则是城乡福利差距继续扩大,农村义务教育、水利和乡村公路建设等公共事业的发展受到严重制约,城乡居民福利差距非常明显。

(三) 城乡融合发展

近年来,推动城乡融合发展成为党和国家工作的重心之一。2012 年,党的十八大明确提出:"解决好农业农村农民问题是全党工作重中之重,城乡发展一体化是解决'三农'问题的根本途径。"2013 年,党的十八届三中全会进一步指出:"城乡二元结构是制约城乡发展一体化的主要障碍。必须健全体制机制,形成以工促农、以城带乡、工农互惠、城乡一体的新型工农城乡关系,让广大农民平等参与现代化进程、共同分享现代化成果。"这是中央首次明确提出新型城乡关系的概念,并且将"城乡一体"作为新型城乡关系的最终目标。2017 年,党的十九大明确提出"建立健全城乡融合发展的体制机制和政策体系"。

在一系列中央政策的扶持下,"三农"问题得到了明显的改善:农民收入持续增长,农村民生全面改善,农村生态文明建设显著加强,农民获得感显著提升,农村社会稳定和谐,城乡之间的差距正在逐渐缩小。然而,我国城乡发展不平衡的问题依然存在,主要表现在农民适应生产力发展和市场竞争能力不强,乡村发展整体水平亟待提升,城乡之间要素合理流动机制亟待健全。基于以上乡村发展存在的问题,党的十九大提出了在乡村振兴战略下实现城乡

---

① 董志凯:《我国农村基础设施投资的变迁(1950—2006 年)》,《中国经济史研究》2008 年第 3 期。

融合的新理念,这一新理念在之后颁布的《中共中央 国务院关于实施乡村振兴战略的意见》(以下简称为《意见》)中被具体表述为:"要坚持农业农村优先发展,按照产业兴旺、生态宜居、乡风文明、治理有效、生活富裕的总要求,建立健全城乡融合发展体制机制和政策体系,加快推进农业农村现代化。"①

二、生产要素的资本化

党的十九大报告关于乡村振兴的总要求指出,产业兴旺是乡村振兴的重要内容,也是乡村振兴的基本前提。习近平总书记强调,"要推动乡村产业振兴,紧紧围绕发展现代农业,围绕农村一二三产业融合发展,构建乡村产业体系,实现产业兴旺"②。从历史演变来看,城乡之间发展不均衡,农村地区的发展落后于城市,一个重要的原因是劳动力、土地和资本等生产要素流向城市,乡村缺乏经济发展的生产要素。重塑城乡关系,走城乡融合发展之路,是乡村振兴战略的内在要求。推动城乡融合发展,重点在农村,难点在生产要素。2018年,《意见》提出,乡村振兴的基本原则之一是"使市场在资源配置中起决定性作用,更好发挥政府作用,推动城乡要素自由流动、平等交换,坚持城乡融合发展"③。

---

① 《中共中央 国务院关于实施乡村振兴战略的意见》(2018年2月4日),中华人民共和国中央人民政府网站,http://www.gov.cn/xinwen/2018-02/04/content_5263807.htm,访问时间:2022年4月6日。
② 《习近平等分别参加全国人大会议一些代表团审议》,新华网,http://www.xinhuanet.com/politics/2018lh/2018-03/08/c_1122508329.htm,访问时间:2022年3月16日。
③ 《中共中央 国务院关于实施乡村振兴战略的意见》(2018年2月4日),中华人民共和国中央人民政府网站,http://www.gov.cn/xinwen/2018-02/04/content_5263807.htm,访问时间:2022年4月6日。

第二章　乡村振兴的奉贤模式：人、土地与产业的协同发展

上海市奉贤区的乡村区域作为国际大都市郊区的乡村，并不同于一般意义上的普通乡村，某种意义上可以说是"含着金钥匙出生"的乡村。所谓"大树底下好乘凉"，背靠高能级、巨大能量的强大核心城市，国家级甚至国际级的人才、资本、项目、技术、信息等都近在咫尺。然而，超大城市的乡村振兴也存在难处与困境：第一，由于城市核心区域强大的第二、第三产业吸收了大量资本等生产要素，乡村产业发展的资源投入和积累仍显不足；第二，超大城市的乡村区域承担的主要是食品生产、生态景观和社会文化等较为薄弱和单一的功能；第三，从要素规模来看，超大城市乡村区域的土地规模总体有限，单靠农业发展很难形成规模效应。总的来说，当前超大城市乡村产业发展面临的核心问题是，超大城市乡村的资源投入和积累还较为不足，坐落于乡村的市场主体少、体量小，乡村产业发展的基础和生态薄弱。

上一章已经指出了劳动力、土地、资本等多种要素的重要性，而随着科技发展和知识产权制度的建立，技术、信息也被视为相对独立的要素投入生产。那么，作为超大城市乡村区域的奉贤乡村，是如何实现乡村振兴的呢？答案在于，奉贤的乡村振兴旨在积极推动各类生产要素更多向乡村流动，在乡村形成人才、土地、资金、产业、信息汇聚的良性循环，进而实现生产要素的资本化。

(一) 资本

在现代经济活动中，没有资本要素的支撑和撬动，产业发展难以成气候，这是经济、产业启动和发展的一般规律。为了更好推进乡村振兴，党的十九大报告提出了乡村振兴"实现产业兴旺、生态宜居、乡风文明、治理有效、生活富裕"的总要求。其中，推动乡村振兴发展的关键在于产业兴旺，实现产业兴旺才能为乡村振兴注入活力，产业兴旺也是实现农民富裕、生态优美、社会和谐的重要

保证。在所有的生产要素中,资本要素对于产业兴旺至关重要,没有资本要素支持的乡村振兴就是"无源之水"。在当前的政策环境下,财政是事实上乡村振兴战略的重要政策工具,财政资金为农村各项事业发展提供了财力保障,从而支持各项"三农"政策的顺利实施。《意见》要求"确保公共财政更大力度向'三农'倾斜的要求",通过更多财政资金撬动更多金融资金和社会资金投向乡村振兴。

尽管中国农村金融市场化改革不断推进,但政府主导农村金融改革模式的"路径依赖",使得财政资金引导、国有金融资本主导的融资机制依然是农村生产领域中最重要的融资渠道。农村生产领域的融资虽然存在多种创新机制,但都在很大程度上依赖财政资金和国有金融资本的大力支持,民间资本参与不足,市场在资本的配置过程中发挥的作用不足。因此,民间力量与市场力量能否在农村金融资源配置中发挥更重要的作用,是实现乡村产业振兴的关键所在。

为了破解乡村振兴缺乏资本要素的难题,奉贤区充分激活市场的力量,发挥国有企业对乡村振兴的带动作用。具体来讲,奉贤区以"百村"品牌[①]为切入,以国有资本带动集体资本联动为抓手,以"壮大集体资产、增加农民收入"为出发点和落脚点,紧紧围绕区委区政府"乡村振兴"战略规划,积极探索、勇于实践,努力探索出一条符合上海农村实际的产业兴旺、村民富裕之路。通过建立乡

[①] "百村"品牌的概念始于 2013 年。奉贤区为了让农村综合帮扶工作最大化地产生经济效益和社会效益,创造性地发动全区 100 个经济薄弱村,组建上海市首个农村综合帮扶"造血"平台——上海百村实业有限公司,每个村各出资 10 万元入股,公司委托区属国企运营管理,每年享受的项目运营红利用于村级公共服务、村经济合作社社员分红和扶贫帮困。参见张红英:《奉贤区是怎样打响"百村"系列品牌的?》,《东方城乡报》,2019 年 5 月 7 日,第 A2 版。

村振兴区级统筹运营平台,解决了乡村振兴缺乏资本要素的问题,集体资源得到盘活,村民的生活环境得到切实改善,农民享有的资产性收益更加稳定。

同时,在国有资本的带动下,奉贤区积极探索拓展"租金＋股金＋薪金"增收模式,成立长三角乡村振兴(上海)股权投资基金,创设"产业＋基金＋基地＋智库"推动模式,导入国盛集团的盛石资本①,整合国有资本、社会资本、政府等多方力量,推动各类优质资源资本集聚辐射乡村振兴。首期基金规模达15亿元,其中国盛集团出资2.5亿元,桃源里公司出资2.5亿元,社会资本出资2.5亿元,金融机构出资7.5亿元,重点助推南上海国盛青溪未来科技城转型升级。② 桃源里公司作为基金投资主体,确保镇、村集体经济主体取得乡村振兴红利,并探索村民利益分配机制。

(二) 劳动力

乡村振兴的根本,在于培养和获得一批文化素质高、业务能力强的人才。但是农村工作机会依然较少、待遇不高、激励保障机制不健全等种种原因,使招录和留住优秀专业型人才成为乡村振兴发展的难点。同时,城市的生活环境、基础设施、公共服务等要素依然明显优于农村,农村的资源要素难以满足现在优秀人才的发展需求,导致人才资源向农村回输乏力。

《意见》指出,要"扶持培养一批农业职业经理人、经纪人、乡村

---

① 盛石资本是上海国盛集团联合社会资本共同发起设立的专业管理机构,承担长三角产业创新基金和长三角乡村振兴基金的发起设立和运作管理职责。
② 《颜值实力双提升! 国有资本入股,上海这个桃源村下月涅槃归来》(2019年5月28日),澎湃新闻,https://www.thepaper.cn/newsDetail_forward_3547510,访问时间:2022年4月6日。

工匠、文化能人、非遗传承人等"①,以加强农村专业人才队伍建设。然而,由于中国过去的工业化和城市化主要集中在城市,乡村地区在收入、福利和社会服务等方面都远远落后于城市。在主要资源都集中在城市的情况下,大多数有能力的适龄劳动力,都不愿意留在乡村地区,即使有能力的年轻人有意愿留在乡村,也经常发挥不了作用,体现不了价值。在乡村人才向外流动的长期影响下,乡村振兴人才缺乏的问题非常普遍和严重。

奉贤区的乡村区域尽管靠近超大城市,但同样面临专业型人才不足的窘境。随着城镇化步伐的不断加快,奉贤区的大量农村人口,尤其是青壮年劳动力不断外流到城镇,农村常住人口逐年减少,人口倒挂现象(外来人口多于本地户籍人口)严重。例如,奉贤区的一个村庄,外来人口是本地户籍常住人口的五倍多,虽然已经有相当一部分青年回流农村工作,但总体上农村空心化、农民老龄化问题以及农村人才匮乏问题依然比较突出。总之,文化程度低、素质普遍不高、缺乏职业技能等劳动力素质的结构性短板,无法满足农业现代化发展要求,创新创业动力不足直接制约了农村产业发展。

为了解决乡村振兴人才缺乏的问题,奉贤区着手推进"守护家园"计划,通过开发物业管理岗位及服务管理岗位,吸纳富余劳动力,帮助村民在家门口实现就业。除了让本地农民"再就业",更重要的是吸引有能力的年轻人回乡、到乡创业。比如吴房村通过思尔腾运营公司的专业运营,汇聚了一支年轻的队伍,新村民不乏"95后",平均年龄只有20多岁。吴房村引进了新"村民"162人,

---

① 《汇聚全社会力量,强化乡村振兴人才支撑》(2018 年 2 月 5 日),中华人民共和国农业农村部网站,http://www.moa.gov.cn/ztzl/yhwj2018/zyyhwj/201802/t20180205_6136434.htm,最后浏览日期:2022 年 4 月 6 日。

带动村民就业,让文创助力当地农业的发展。通过统筹运营管理,村里已入驻实体企业28家,累计注册企业150家。专业人才的到来,也让奉贤的乡村振兴形成了良性循环。在奉贤的乡村振兴中,专业人才积极参与探索农民自建房的创新模式,通过资金引导,包括实体公司、社会资本、金融机构的加入,搭建比较完善的定价体系,确保村民在不用出资的情况下,就可以获得两套房。

为了培养乡村振兴的人才以及适用于乡村振兴的技能,奉贤区联合国有企业持续总结提炼乡村振兴大产品模式,并不断在日常工作中实现标准化应用,因地制宜地探索出了灵活、可复制、可推广和可持续的发展模式,形成自身"从实践到理论,从理论到课程,课程指导实践"的培训模式,从而充分汇聚人才、资源、产业等信息要素,形成高地。两年来,奉贤区形成的模式、品牌及业务经验都可以整合进入"课堂+讲堂+实训"的乡村振兴培训体系中,有偿且高效地对外输出。通过整合长三角人才发展中心、蚂蚁学院、国资运营研究院、微笑草帽等产业资源,面向全国政府、企业、群众开展乡村振兴青年培训、干部培训、产业培训,形成人才、资源、产业等要素的高地,全方位地为乡村振兴建设解决人才问题,激活资产存量、赋能产业增量。

为了留住人才,奉贤也通过盘活宅基地,建立乡村人才公寓。比如,南桥镇以华严村、灵芝村作为试点,由镇、园区、村联合出资成立的企业负责对华严村、灵芝村的农户闲置房屋进行收储、装修,为江海经济园区内优质企业提供住房、物业等配套服务。同时,按照"美丽家园"建设,同步完善人才公寓周边的绿化、保洁、停车、安保、水电等配套,并引入就学就医、生活等服务。村人才公寓的改造解决了周边员工上班难的问题。除此之外,员工个人只需要支付不到500元/月的居住费用,远低于周边市场价格。这是奉贤区在探索实施乡村振兴战略中,挖掘农村存量资源,回应企业租房需求,推动农宅变公寓的一次全新尝试。

(三) 土地

相对于其他要素,土地资源配置的市场化改革一直进展缓慢。正是由于长期以来政府的土地规划和用途管制完全取代了市场配置,导致我国建设用地占比远低于发达国家,城镇建设用地在地区间、城市间配置失衡,城镇建设用地在居住用地和工业用地的利用结构上配置失衡。这种土地资源的计划配置阻碍了土地要素在城乡之间的自由流动,一方面影响了城市化进程特别是特大超大城市的发展,由此造成的高房价抑制了居民消费水平,另一方面制约了乡村振兴和城乡融合发展。

有鉴于此,中共中央、国务院于 2020 年 4 月和 5 月,先后发布了《关于构建更加完善的要素市场化配置体制机制的意见》和《关于新时代加快完善社会主义市场经济体制的意见》两个重要文件,并把推进土地要素市场化配置放在了劳动、资本、技术、数据等所有生产要素之首,进一步强调要建立健全城乡统一的建设用地市场,建立公平合理的集体经营性建设用地入市增值收益分配制度,深化产业用地市场化配置改革,充分运用市场机制盘活存量土地和低效用地。

"土地是财富之母,劳动是财富之父。"[①]可以看出,土地和劳动是农业生产最重要的两大要素。乡村振兴的首要目标是产业兴旺,而农村的产业主要是农业。因此,产业振兴的关键在于如何通过对农村土地制度进行改革,实现土地资源的有效利用。受传统

---

① 马克思在《资本论》中引用威廉·配第的话,参见《马克思恩格斯选集》(第二卷),人民出版社 2012 年版,第 103 页。

发展思维的局限,在经济发展中对于土地的利用大多聚焦于园区、楼宇等形式,大量空置宅基地、低效产业用地和农业用地没有得到有效利用。土地未得到合理使用也使得农村社会管理问题日益突出。在宅基地频繁转租、监管不到位等情况下,闲置宅基地资源大多以无序出租等低端形式使用,由此带来环保、治安、消防等诸多社会管理问题。

在土地生产要素的利用中,奉贤区不断深化农村各项改革,营造乡村发展新格局,规划示范助力资源活力竞相迸发。奉贤区规范了土地流转行为,引导农民有序有效流转土地,优化土地资源配置;积极放活土地经营权,创新土地流转方式,探索农村土地经营权抵押贷款。在明晰集体承包土地权属关系的前提下,积极探索农村土地股份合作制改革,促进农村资源资本化、市场化。推进农村集体经济组织产权制度改革,做好村集体经济合作社股权分配,鼓励和指导村集体经济组织采取多种举措发展壮大农村集体经济,谨慎实施村经济合作社资产类经济合同入市交易,全面梳理村资产类和资源类租赁合同,加强集体租赁和农户流转合同规范管理。

(四) 技术与信息

相对于土地、资本和劳动力等传统产业的生产要素,随着互联网和其他新业态产业的兴起,技术和信息也成为生产经营活动中关键的生产要素,而这也正是传统农业的短板。在乡村振兴中,如何获得技术和信息等生产要素,对于产业兴旺至关重要。尽管奉贤区的乡村地区背靠超大城市,但由于缺乏专业人才和信息渠道,依然面临技术落后和信息闭塞等产业发展难题。

资本带来技术。奉贤区通过吸引优质企业设立办公点,带动各行业人才扎根乡村,形成技术的汇聚。比如,吴房村 358 亩产业孵化园中，有数十栋带着现代元素、参差错落的江南水乡建筑，由思尔腾公司①统一运营管理。其中有吴房桃源里餐厅、黄桃主题的甜品铺、桃醉坊咖吧、睦林四堂间、三治堂及由半山艺品牌管理的高端民宿。目前，园内已有 30 多家企业、名人工作室、高校创新中心入驻，包括国盛乡村振兴研习室、长三角乡村振兴（上海）股权投资基金、思尔腾农业公司、思尔腾乡筑联盟、中国美院乡村工作站以及著名越剧表演艺术家吴群开办的工作室等。

人才带来信息。人才的聚集本身也会增加信息的获取量。在我们的调研中，某受访人表示目前其正在打造一个生鲜供应项目。当地农民种植蔬菜水果，面临两个问题：一是农民对市场信息了解不多，看到种植某种果蔬赚钱，往往盲目跟风，结果第二年市场价格下跌，收入减少；二是农民通过当地合作社种植果蔬，采摘后销售渠道有限。因此，他们团队致力于寻找可靠的投资方与当地合作社对接，投资方既能为农民提供市场信息，又能带来销售渠道。

三、迈向人、土地与产业的协同发展

产业是乡村振兴的动力，通过建立现代化和生态化的农业产业，延长农业生产的产业链，促进了一二三产业的融合发展，奉贤"黄桃＋"产业的发展初显成效。土地是乡村振兴的资源，通过将农村宅基流转到村，采取多种方式盘活利用闲置宅基地，在产业发展中实现土地的规模经营，奉贤探索出了"三园一总部"的发展模

---

① 思尔腾公司系国盛集团盛石资本管理公司联合桃源里公司、社会资本共同出资成立。

式。奉贤乡村振兴的最终目的和落脚点依然是"人",通过乡村振兴提高农民的收入,加强乡村公共基础设施建设,提高农村的保障水平,让广大郊区人民成为乡村振兴成果的受益者和共享者。

(一) 产业是动力

推动乡村振兴发展的关键在于产业兴旺。只有实现产业兴旺,才能为乡村振兴注入活力。可以说,产业兴旺是实现农民富裕、生态优美、社会和谐的重要保证。奉贤的乡村振兴,充分挖掘自身优势和农业的多功能性,促进农村一二三产业的融合发展,为乡村振兴的生态宜居、乡风文明、治理有效、生活富裕提供充足的动力。

因地制宜、利用自身优势建立相关产业是实现产业兴旺的重要前提。吴房村作为奉贤区具有典型性的乡村,主要的经济作物是黄桃。吴房村因地制宜,依托国盛集团与上海市农科院合作,以老桃园改造、建设新果园和种苗培育园为主攻方向,深入解决树老、地老、人老的"三老"问题,并做大产销对接,建立黄桃分拣系统,引入电商交易平台。如今的吴房村,不仅有"吴房有桃"的农产品及衍生品的品牌体系,包括黄桃鲜果、罐头、汽水、米露,以及手工艺品及制造类产品等,还成了上海的"世外桃源",生产很多受欢迎的"网红"文创产品,如"三生三世十里桃花""游园惊梦"等。

此外,奉贤区致力于搭建"开发建设、资产管理、招商运营"三大平台。比如,胤腾公司围绕乡村振兴、园区开发、新市镇更新等项目,开展全镇域开发建设;桃源里公司通过深化"三块地"改革,盘活沉睡资产,实现集体资产保值增值;思尔腾公司集农业生产、旅游观光、农产品种植、精品民宿开发、招商运营为一体,通过新产业新业态新模式融合发展,促进乡村振兴、强村富民。引入专业养老机构"椿熙堂"入驻生活驿站,搭建医疗、文教、就餐、智慧养老等多功能养老平台,满足村民日常生活基本保障功能和文化娱乐多样化需求。[①] 导入国盛集团的盛石资本,引领产业、资金、价值重组整合优化,带动南上海国盛青港未来产业城转型升级。借助国资运营平台的特色优势,统筹配置产业资源、金融资源、土地资源、科技资源、人才资源,有效连接国有资本与社会资本,以"产业+基金+基地+智库"的组合运作,尝试在金融端及产业端提炼出一个从乡村振兴示范村到产城乡一体化的新模式。

(二) 土地是资源

土地是产业发展的载体,如果说产业是乡村振兴发展的动力,那么土地就是乡村振兴的资源。因此,乡村振兴能否成功的关键在于如何对农村土地资源进行改革,实现土地资源的合理配置。农村的土地主要分为农业用地和宅基地两部分,当前许多农村的宅基地处于荒废状态。因此,充分利用土地资源、解决农村土地管理问题的核心在于妥善处理空置宅基地,实现低效用地的合理利用。

在乡村振兴工作中,充分利用好宅基地是农民受益的主要途径之一,也是实现振兴的重要载体。但农民对宅基地的不同诉求和期望影响工作的推进成效,以往单一的处置方案很难奏效,也很难实现政策、资源的最大化利用。对于宅基地的利用,奉贤区充分发挥毗邻工业园区的区位优势,成立农村房屋租赁管理公司,以华严村作为试点,实施农村宅基流转到村,采取多种方式盘活利用闲置宅基地。在盘活存量宅基地资源用于创意产业、总部办公、人才公寓等方面,奉贤区进行了颇有成效的创新探索。在人才公寓方

[①] 《乡村振兴产城乡一体化发展"吴房新模式"》,《奉贤报》,2020年9月29日,第4版。

面,南桥镇华严村作为排头兵,运作了"星公寓",其他几个乡镇也逐步跟上,开始发展自己区域内的人才公寓。

不管是城市还是乡村,产业的发展在很大程度上依赖于对土地的规模经营。传统乡村中以家为单位的分散化、小规模的土地经营模式,已经很难满足乡村振兴中"产业兴旺"的需求。因此,实现乡村产业振兴必须实现对土地的规模经营。对于土地的规模经营,奉贤区积极探索"三园一总部"发展模式。"三园一总部"指的是"一庄园一总部、一公园一总部、一庭院一总部"。通过完善农村的生态环境和基础设施,聚焦美丽健康、生物医药、绿色生态等产业,大力吸引工商资本,在农村的集体建设用地、国有建设用地、宅基地等土地上引进并建设企业总部,激活农村沉睡资源,让健康产业更有活力、让生态环境更加靓丽,进一步带动农民增收。

(三) 人是目的

在《中共上海市委关于深入贯彻落实"人民城市人民建,人民城市为人民"重要理念,谱写新时代人民城市新篇章的意见》中,政府首次提出"五个人人",即人人都有人生出彩机会、人人都能有序参与治理、人人都能享有品质生活、人人都能切实感受温度、人人都能拥有归属认同。那么,"五个人人"在奉贤的乡村振兴中是如何体现和落实的?

一是扩宽农民增收渠道。积极引导和鼓励农民参与乡村振兴,探索"租金+股金+就业收入"的村民收益模式,农民既是参与者,也是受益者。"租金"包括村民承包地流转租金和宅基房租金;"股金"包括村集体经济合作社入股分红及村民自愿个体入股分红;"就业收入"则通过对现有农民进行专业技能培训,使之转变为按月领取工资的农业旅游服务人员和农业产业工人,实现劳动力转移就业,增加村民收入。以吴房村为例,2021年已实现一期区域内村民户均年增收10万元,其中宅基房屋租金户均增收3.5万元,分红户均增收0.3万元,就业收入户均增长6.2万元。

二是改善农村基础设施。奉贤农村地区的基础设施投入呈现出小而散的特点,缺乏整体规划,造成资源利用效率低下。在乡村振兴过程中,以吴房村为例,结合村民生活品质改善及发展需要,充分考虑示范村规划后期提升,采取统一打包立项和勘察、设计、施工一体化招标方式,大大缩短建设周期,整合各条线支持资金,工程组织联合验收,做到程序闭合。截至2019年底,392户村民生活污水纳入市政管网,自来水管网扩容更新、燃气管网入户各75户,电力扩容2座500 kVA开关站,架空线入地电缆7 400米,新增生活垃圾处理及中转站、标准化公厕各1座,实现核心区域内智慧照明、智能水质检测、智能监控、无线网络覆盖。农村基础设施的改善方便了居民的出行,提高了居民的幸福感。

三是完善公共服务配套体系。在此次乡村振兴示范村建设之前,吴房村的公共服务配套存在部分缺失,仅能满足村民的基本需求。在此次乡村振兴示范村的建设过程中,吴房村充分体现乡村振兴"以人为本"的理念,以生活驿站、睦邻"四堂间"等为载体,通过"三社联动",努力为老年人提供受欢迎的服务,丰富晚年生活。通过引入专业养老机构,搭建多功能养老平台,吴房村的养老服务配套体系趋于完善。以多功能的养老平台为载体的公共服务体系,不仅能满足老年人迫切的养老需求,而且也能为村民日常生活提供保障,满足各类村民的文化和娱乐需求。

四是改善农民的居住条件。实施村民集中居住,守望相助,改善居住条件,为示范村完善空间布局。按照"城镇集中居住为主、农村集中归并为辅"导向,制定了"2019年度农民相对集中居住推进计划"和"2019—2022年农民相对集中居住项目库",分步骤推进村民集中居住工作。建立"政策超市"①,提供宅基地置换、异地集中建房等五种政策途径,推动集中居住。截至 2019 年底,全村已完成核心区 61 户宅基地房屋 20 年租赁流转。吴房村充分尊重农民意愿,按照自愿原则,针对 10 户以下零散宅基和确有居住困难的村民先行实施集中居住。截至 2021 年底,吴房村已完成 51 户村民集中居住的评估签约工作。

---

① "政策超市"是指,在农民进城镇集中居住过程中,提供宅基地权益置换上楼、货币化、股权化等多种自愿有偿退出方式,供农户结合自身实际自主选择,做到"总有一款适合你"。相关做法既落实了自愿有偿退出机制,又为保障置换房源、缓解货币补偿资金压力提供了一套切实可行的方案。

第三章
以人为中心的乡村振兴：
城市化与逆城市化的合奏

乡村振兴要以人为中心，而不是以资本为中心，人的自由全面发展要优先于资本的增殖。具体而言，这里的"人"既包括村民，也包括专业人才。乡村振兴要优先保障村民的利益，通过租金、股金、薪金等多元化收入使村民富起来，通过完善乡村的公共服务设施提高村民的生活品质，迈向共同富裕；同时也要吸纳乡村振兴所需要的专业人才，以乡村独特的现代价值为引力，通过人力资本的集聚带动农村的产业聚集与产业升级。城市化与逆城市化并行不悖，农村是一个开放的舞台，而不是一个封闭的空间：农民、返乡农民工、城市青年，都是乡村振兴的人才支撑。上海市奉贤区为推动以人为中心的乡村振兴提供了生动的探索经验。

一、半城市化与乡村空心化

（一）快速城镇化与乡村空心化

改革开放以来，伴随中国的市场经济体制建设，大规模劳动力从农业转入工业和服务业。在快速城市化中，城镇人口在总人口中的占比从 1978 年的 17.9% 增长到 2020 年的 63.89%。[1] 中国的城

---

[1] 国务院第七次全国人口普查领导小组办公室编：《2020 年第七次全国人口普查主要数据》，中国统计出版社 2021 年版，第 7 页，http://www.stats.gov.cn/tjsj/pcsj/rkpc/d7c/202111/P020211126523667366751.pdf。

市化速度远快于西方发达国家。在西方发达国家,城市人口从占总人口的 30% 发展到 50%,花了 40—65 年时间(美国约 40 年,英国、法国约 60 年,德国约 65 年),而中国仅花了 15 年的时间。这样迅速的城市化发展在全世界范围内前所未见。① 当前,我国城镇化仍在持续推进。

随着我国工业化、城镇化的快速发展,农村人口大量涌进城镇。农业人口的非农化转移使农村常住人口逐渐减少,在促进农民就业和增收的同时,也使农村空心化、空心村问题日趋严峻。② 由于我国城乡二元体制的架构仍未取得根本突破,城乡之间的利益冲突与农民工就业的压力尚未根本缓减,农村土地制度改革和规划管理滞后的局面还未得到全面改观,农村空心化及空心村问题,不仅会加剧发展,而且会长期存在。③

农村空心化是经济社会发展过程中,大量农村劳动力和资源从农村内部区位资源禀赋不足地区向外围条件优越地区和城镇转移,造成村庄聚落人口流失、房屋闲置的结果。④ 有学者从地理学的角度指出,农村空心化既包括农村土地空心化、人口空心化,也包括农村产业空心化和基础设施空心化,本质上是农村地域经济

---

① 黄宗智:《从土地的资本化到资本的社会化:中国发展经验的新政治经济学》,《东南学术》2021 年第 3 期。
② 刘彦随、刘玉:《中国农村空心化问题研究的进展与展望》,《地理研究》2010 年第 1 期;刘彦随:《中国东部沿海地区乡村转型发展与新农村建设》,《地理学报》2007 年第 6 期;刘爱梅:《农村空心化对乡村建设的制约与化解思路》,《东岳论丛》2021 年第 11 期。
③ 刘彦随、刘玉:《中国农村空心化问题研究的进展与展望》,《地理研究》2010 年第 1 期。
④ 何芳、周璐:《基于推拉模型的村庄空心化形成机理》,《经济论坛》2010 年第 8 期;刘爱梅:《农村空心化对乡村建设的制约与化解思路》,《东岳论丛》2021 年第 11 期。

社会功能的整体退化。① 农村空心化的一般特征为：农村青壮年劳动力大量外出，留居人口呈老龄化、贫困化趋势，人口、资金等要素流向城市，引起农村经济的衰退和社会结构的变革；基础设施和社会服务空心化，村庄整体格局和景观风貌受到极大破坏；村中心有人居住的宅基地面积不断减少。② 大量空心村的土地处于废弃、撂荒和低效利用状态，存在大量的资源浪费。

在人口空心化方面，据国家统计局《2020 年农民工监测调查报告》：农村常住人口数量为 50 979 万人，农民工的数量为 28 560 万人，其中外出农民工 16 959 万人，占农村户籍人口数量的比例达到 26.5%。③ 国家发改委城市和小城镇改革发展中心与中国联通智慧足迹联合组成课题组，2019 年在全国四大区域的不同地区选取了 209 万个样本，利用手机信令数据对农村人口流动状况进行了分析，发现 2018 年春节后有接近一半的农村人口外出，也就是说从样本数据来看，农村人口的空心化率已经接近一半。④ 而在土地空心化方面，中国社科院绿皮书课题组于 2019 年对我国 140 个调研村庄的宅基地闲置状况进行考察，发现样本村庄的宅基地闲置率平均为 10.7%。⑤

城镇化是现代化的标志，是经济社会发展的结果。从城镇化

---

① 刘彦随、刘玉、翟荣新：《中国农村空心化的地理学研究与整治实践》，《地理学报》2009 年第 10 期。
② 许树辉：《农村住宅空心化形成机制及其调控研究》，《国土与自然资源研究》2004 年第 1 期。
③ 《2020 年农民工监测调查报告》（2021 年 4 月 30 日），国家统计局网站，http://www.stats.gov.cn/tjsj/zxfb/202104/t20210430_1816933.html，最后浏览日期：2022 年 3 月 15 日。
④ 刘爱梅：《农村空心化对乡村建设的制约与化解思路》，《东岳论丛》2021 年第 11 期。
⑤ 参见魏后凯、黄秉信编：《农村绿皮书：中国农村经济形势分析与预测（2018—2019）》，社会科学文献出版社 2019 年版。

发展规律看,我国目前仍处于城镇化的快速发展阶段,未来仍将有大量人口从农村进入城市,农村空心化程度仍将逐步加深。据北京大学陈玉宇教授团队的研究,到2035年,我国城镇化率将提升至74%,城市人口将增加至10.6亿,届时乡村人口仅剩下约3.7亿,将比2020年减少1.4亿左右,未来15年农村人口会持续减少。[1]

我国的城乡二元体制是空心村形成的重要原因。户籍制度将农民权益绑缚在农村集体土地,限制农村人口向城市自由流动,而庞大的农村人口基数对应着相应巨大的宅基地数量。随着工业化、城镇化和农村就业结构的变化,青壮年向城镇转移,但城镇化滞后于非农化需求,现行城乡二元户籍体制和社会保障体系难以在制度上给进城农民以必要的生存保障,因而守住农村旧宅基地成为农民的理性选择。[2] 农民非农就业与户籍迁移的政策放宽后,农民进城务工相对容易,但难以筹集到进城安居所需的资金,农村劳动力多以短期方式流动,造成宅基地"季节性闲置"。同时,在法律上农村房屋禁止自由买卖,宅基地依法退出机制缺失,导致有的农民即使在城镇安居乐业,农村旧宅基地也长期闲置。[3]

由此,我国乡村空心化的同时也伴随着"半城市化":一方面,青壮年大多外出打工,留守村庄的主要是老人和儿童;另一方面,我国长期以来形成的城乡二元结构和户籍制度并未因人口流动而

---

[1] 陈玉宇、王雨露:《〈研究简报〉第129期 2035城市发展新格局(上)》,北京大学光华管理学院网站,https://www.gsm.pku.edu.cn/thought_leadership/info/1007/2474.htm,最后浏览日期:2022年3月15日。

[2] 付坚强、陈利根:《我国农村宅基地使用权制度论略——现行立法的缺陷及其克服》,《江淮论坛》2008年第1期。

[3] 龙花楼、李裕瑞、刘彦随:《中国空心化村庄演化特征及其动力机制》,《地理学报》2009年第10期。

打破,农民进城之后,职业改变了,身份却依然不变。如上一章所述,"农民工"无法享有城市户籍居民所拥有的社会福利;他们中的一部分人在城市或郊区长期定居,甚至出生在城市,却始终被定义为"流动人口"而不是"城市新移民"。因此,这些来自农村的打工者只是被吸收到城市经济系统,却没有被城市社会所接纳,无法参与城市公共政治生活。城市把他们当作劳动力、消费者和生产要素,而不是移民或公民,表现为城市对他们在经济上的吸纳和在政治上的排斥。①

乡村的衰落不仅仅发生在中国,在全球各地都普遍存在,只是发达国家和发展中国家呈现出不同的特点。西方发达国家在历经高速工业化和城市化以后,农场规模不断扩大,农村人口不断减少,原有的乡村社区不复存在,农业的规模化和专业化是导致乡村衰落的重要原因。东亚发达国家在迅速工业化和城市化过程中,政府在不断推动乡村地区发展,但是老龄化、空心化的现象也普遍存在。而在一些发展中国家,由于小农户的不断破产,越来越多的乡村人口不得不进入城市寻找生存机会,乡村的发展严重滞后于城市发展。② 在世界城市化历史上,城市化与村落终结是一对密切关联的概念。在工业主义和市场逻辑的主导下,城市变得越来越大,而乡村世界则随着人口外流和资源锐减不可避免地走上萎缩之路,这种两极相对的反向变化似乎已成为城市化进程中的一般法则。③

---

① 熊易寒:《"半城市化"对中国乡村民主的挑战》,《华中师范大学学报》(人文社会科学版)2012年第1期。
② 王晓毅:《重建乡村生活 实现乡村振兴》,《华中师范大学学报》(人文社会科学版)2019年第1期。
③ 田毅鹏:《乡村"过疏化"背景下城乡一体化的两难》,《浙江学刊》2011年第5期。

乡村之所以衰落,根本原因在于城乡的产业分工,或者说是农业经济的脱嵌。乡村不仅不再是人们生活的场所,甚至连多样的产业也逐渐消失,作为生活空间的乡村被单纯的农业生产空间所替代。传统意义上的乡村是人们生活的场所,产业发展服务于乡村居民的生活。但是工业革命以后,特别是二战以后,城市的发展带来了城乡的分工,乡村被赋予了农业生产的责任,所有非农的产业都被转移进入城市,随着人口的流动,乡村也不再是村民生活的空间,而成为农业"车间",以生产农产品为目标。当乡村成为单纯的农业生产空间以后,乡村不足以吸引人,由此导致人口外流,并最终导致乡村的衰落。①

(二) 人才流失:乡村振兴面临的瓶颈

农村人口空心化、老龄化程度的提高给乡村振兴和乡村建设带来一系列挑战,并导致乡村建设的主体力量更加弱势。一方面,这降低了农村人口参与乡村建设的积极性、主动性,减少了农村劳动力的有效供给;另一方面,这导致了农村失能人群增加,加重了医疗、养老、卫生等社会服务方面的负担。

一定数量素质较高的农村人口是乡村建设管理的基础。但目前,农村中的留守劳动力主要是老人和妇女,青壮年男性劳动力稀少。从人口结构上来看,老龄化问题突出而且还在进一步恶化,从而严重削弱了乡村建设发展及乡村治理工作的人力基础。现代乡村产业发展需要大批懂知识、懂文化、懂产业发展特征的人才领头或参与,但是随着农村空心化程度的加深,这部分人才在乡村地区十分稀少。囿于专业人才的缺乏,乡村农业向生态农业发展以及

---

① 王晓毅:《重建乡村生活 实现乡村振兴》,《华中师范大学学报》(人文社会科学版)2019年第1期。

乡村产业多元化发展困难重重。①

在乡村人才向外流动的长期影响下,乡村人才缺乏的问题是全方位的。首先,乡村很缺乏基层治理的人才。很多地方村"两委"换届,选拔村里合格的干部都常常出现困难。在这样的情况下,国家通过相应的组织机制选派"第一书记",选派和鼓励大学毕业生到乡村服务。这些措施在很大程度上缓解了村"两委"干部人力资源短缺的问题。其次,乡村也很缺乏致富的带头人。"有头脑的聪明人"都出村创业了。当人才大多都流向城市以后,能够在乡村致富的带头人捉襟见肘。村民大多数缺乏市场渠道,也没有自己的组织,面对市场的经营能力不足,使他们在价值链的分配中处于劣势。②

随着时间的推移,人们对乡村空心化现象逐渐产生了更为深入的理解认识。学界开始注意到,乡村空心化绝非简单的人口减少和乡村经济衰退,而是在城乡关系发生根本性变迁的基础上乡村社会构造的根本性变化。在城市化巨大磁场的强大吸力下,乡村社会因青壮年人口大量外流而不可避免地走向解组和衰败。对此,有学者提出,村庄空心化不是简单的人口减少和收入降低问题,而是在城市化背景下人类文明中的城乡关系及村落社会发生的空前剧变。当代中国城市化、市场化背景下乡村壮年劳动力大量流失的直接后果,是乡村组织的衰败和村庄公共性的失落。由乡村空心化导致的村落社会的衰败,更使乡村社会丧失了应有的

---

① 刘爱梅:《农村空心化对乡村建设的制约与化解思路》,《东岳论丛》2021年第11期。
② 李小云:《为什么要培养乡村CEO?》(2021年12月3日),"小云助贫"微信公众号,https://mp.weixin.qq.com/s/LaplhxDjFp1GoO1NLysldg,最后浏览日期:2022年3月14日。

"秩序"与"活力"。① 在改革开放前20年,农民因为经验和技能不足面临外出打工的困难,国家政策则成为农民外出务工的制度支持。但是在近20年,农民面临的更多困难可能是如何留在乡村,因为大多数进入劳动力年龄的农民不仅在农村无法获得就业机会,也无法在农村建立良好的社会生活。② 随着农村社会空心化和老龄化程度的加深,如何在治理空心村的同时做好乡村建设成为乡村振兴战略实施过程中的难题。③

乡村人口的流失和老龄化是任何乡村振兴的战略思考所必须面对的,但可能又是被严重忽视的一个维度。人口和人才是发展的关键,没有人口(人力资本)就不可能有发展,而目前的城镇化浪潮中,乡村是人口净流出之地。乡村振兴战略的可持续,不仅需要乡村能够留住相当一部分人口,还需要能够留住一部分有人力资本和社会资本的能人。只有这样,才能够真正从长远来支撑乡村振兴的可持续发展。④

乡村人口减少并不必然意味着空心化,关键是要让要素自由流动,让有活力的人进入乡村。农民、返乡农民工、城市青年,都是乡村振兴的重要人才支撑。

在上海这样的国际化大都市,农民不再愿意留在乡村,意味着过去家族式村落式的集聚状态逐渐走向消亡,这一传统有可能一去不复返。但是,新农村人口(外来人口、打工人口、到上海来从事

---

① 田毅鹏:《乡村"过疏化"背景下城乡一体化的两难》,《浙江学刊》2011年第5期。
② 王晓毅:《重建乡村生活 实现乡村振兴》,《华中师范大学学报》(人文社会科学版)2019年第1期。
③ 刘爱梅:《农村空心化对乡村建设的制约与化解思路》,《东岳论丛》2021年第11期。
④ 唐世平、李小云:《"乡村振兴"可持续发展的三个维度》(2021年10月6日),澎湃新闻,https://www.thepaper.cn/newsDetail_forward_14794605,最后浏览日期:2022年3月14日。

农业生产的新型的职业农民、随着乡村振兴和郊区新城建设回归的中小企业人员等)在倒流和集聚。城市化和乡村振兴是并行不悖的,最重要的是实现人、土地和产业协同发展。

二、逆城市化:青年返乡与人才下乡

(一)青年返乡:乡村振兴中的"领头雁"

中国的快速城市化是一把"双刃剑",在走向快速城市化、现代化的进程中,既带来了乡村青壮年劳动力涌向城市,也使乡村社会内部出现急剧荒芜的"空心化"现象。① 在空心化的境遇下,乡村振兴从何谈起？乡村振兴战略又如何实施？

2017年"两会"期间,经济学家厉以宁提出,"中国正在悄悄进行一场人力资本的革命"②。他指出农村经济活力提升的同时催生了一个新的名词——"城归"。所谓"城归",是指从城市回归乡村就业和创业的劳动力群体。"城归"精英返村,能够有效地利用业缘、地缘等关系带动其他村民共同回村投资创业,从而加快以"民工潮"带出"创业潮",创造新的人口红利。如今,"城归"群体在江浙沿海发达地区已经成为普遍现象,在中西部农村地区也呈快速发展之势。在乡村空心化的背景下,"城归"引发的乡村人力资本革命对乡村振兴战略具有特别重要的意义。③

"城归"作为一种人的回归,体现或遵循人口流动中的"推拉原则":乡村产生了新的拉力,乡村的吸引力在增强;城市的推力则体

---

① 刘祖云、姜姝:《"城归":乡村振兴中"人的回归"》,《农业经济问题》2019年第2期。
② 厉以宁:《"城归"将成为新的人口红利》,《理论与当代》2017年第2期。
③ 刘祖云、姜姝:《"城归":乡村振兴中"人的回归"》,《农业经济问题》2019年第2期。

现为一种"逆城市化"的推力。中央政府"双创"政策的利好①、乡村振兴战略的实施和"乡情"的文化力量,共同带来了这一乡村现代化的历史推拉进程。"城归"能够形成乡村经济发展中的"归雁经济"势头,引发乡村产业链延伸与发展的经济模式,拉动诸如产销对接、现代农业和产业转移等经济活动,尤其是在地域相对闭塞落后、市场观念比较淡薄的乡村,"城归"身上所折射的创新精神是推动乡村经济发展的主要动力。②

"城归"群体大致具有以下一些基本特征:在年龄结构上大多数属于青壮年,在某一领域具有专业化的一技之长或经营能力,在经济上具有一定的财富能力。这些人回归乡村可以起到聚集乡村人气、提升乡村信心的作用。不少"城归"年轻有为、视野开阔、信心十足,他们的身影活跃在田间地头、村头巷尾,缓解了空心化与老龄化的"乡村之痛"。③ 在"城归"群体中,既有村庄农业生产合作社的负责人,也有"新官上任"的大学生村官等,但从人数上来看,更多的还是那些经过城市现代经济塑造的众多普通劳动者。回归后,他们承担起村庄经济发展、社会治安、纠纷调解、乡村教育、交通设施等公共品的供给责任,他们与家乡的永久性关联造就了他们对家乡的情感依附,从而感到有责任捍卫和促进本地社区的福利。④

---

① 近年来,随着大众创业、万众创新的深入推进,越来越多的农民工、中高等院校毕业生、退役士兵和科技人员等返乡下乡人员到农村创业创新,为推进农业供给侧结构性改革、活跃农村经济发挥了重要作用。详见《国务院办公厅关于支持返乡下乡人员创业创新促进农村一二三产业融合发展的意见》(2016 年 11 月 29 日),中国政府网,http://www.gov.cn/zhengce/content/2016-11/29/content_5139457.htm,最后浏览日期:2022 年 5 月 13 日。
② 姜姝:《乡村振兴背景下"城归"群体的生成机制及其价值实现》,《南京农业大学学报》(社会科学版)2021 年第 3 期。
③ 同上。
④ 同上。

据有关统计资料显示,中国近年来农民工返乡创业累计达到450多万人,还有约130万居住在城镇的科技人员、中高等院校的毕业生等下乡创业。① 在乡村振兴的进程中,"城归"承载着重要意义:第一,"城归"是人口及人力资本从城市向乡村回流,具有"逆城市化"的特征;第二,"城归"聚集了乡村的"人气",冲淡了空心化与老龄化的乡村衰败景象;第三,"城归"具有从城市向乡村的"反向输血"的能力,返乡创业的农民工带动了乡村经济的发展。② 作为一种精英政治实践,"城归"的价值显示为带来新的"人口红利"、推进乡村生产方式的变革及塑造了一种"新乡情"。"人的回归"是建设新时代中国特色社会主义新农村的发展趋势,必将对当代中国经济、政治和文化等方面的发展带来深远影响。③

(二) 人才下乡:乡村的人力资本革命

在逆城市化的人才下乡进程中,奉贤区给出了精彩的答案。吴房村位于上海市奉贤区青村镇中部,盛产黄桃,每年三四月份,满村桃花盛开,宛若"世外桃源"。近来,这处"市"外桃源名声越来越大,已成为远近闻名的"网红村"。④ 在 2017 年之前,吴房村还不是如今的模样。那时的吴房村房屋破旧,道路泥泞,河道里也堆积着许多生活垃圾,天气炎热的时候臭气扑鼻,面临许多乡村的共同问题:被老龄化困扰,是个空心村,还是个交通不便的落后村,村

---

① 王浩:《农民工返乡创业人数达450万》,《人民日报》,2016年12月2日,第2版。
② 刘祖云、姜姝:《"城归":乡村振兴中"人的回归"》,《农业经济问题》2019年第2期。
③ 姜姝:《乡村振兴背景下"城归"群体的生成机制及其价值实现》,《南京农业大学学报》(社会科学版)2021年第3期。
④ 《美出圈!这个"市"外桃源,央视都来了》(2021年4月18日),上观新闻,https://sghexport.shobserver.com/html/baijiahao/2021/04/18/411034.html,最后浏览日期:2022年3月14日。

里房屋空置率超过 50%;被戏称为"树老、地老、人老"的"三老"村庄。① 当时村里的年轻人最大的梦想就是可以从村子里"走出去"。②

在吴房村入选上海市确定的首批九个乡村振兴示范村试点后,房屋改建和新建道路等一系列工程相继实施,以黄桃作为经济支柱,整合国有资本、集体资本、社会资本等多方力量,推动各类优质资源资本集聚辐射乡村振兴。2017年,吴房村按照上海市委提出的"塑形、留魂"要求,联合中国美院进行整体设计,重塑江南水乡风景如画的村貌景致,把江南水乡元素和海派民居特色融入整体风貌管控之中,一点点刻画出绿田粉墙黛瓦、小桥流水人家的江南水乡桃花村,还凸显了古桥、古宅、古牌坊等丰富历史文化资源。随后,吴房村打造了"十里桃花"旅游休闲观光路和"魅力·桃礼文化"桃世界,引入精品民宿,形成农商文旅深度融合新模式。特产黄桃也被打造为吴房村的"主打名片",形成了"黄桃+文创+旅游"农商文旅多产业、多要素融合的农村产业发展新模式。③

近年来,吴房村越来越好的发展形势吸引了越来越多的年轻人到此居住创业,越来越多的企业入驻,使吴房村迎来崭新的蜕变。当全新模式焕活产业,当年轻的活力涌入,百年吴房呈现出新

---

① 张慧:《上海城与村|南郊有吴房:夜晚音乐火热,白天十里桃花》(2021年1月1日),澎湃新闻,https://www.thepaper.cn/newsDetail_forward_9587317,最后浏览日期:2022年3月14日。
② 《美出圈!这个"市"外桃源,央视都来了》(2021年4月18日),上观新闻,https://sghexport.shobserver.com/html/baijiahao/2021/04/18/411034.html,最后浏览日期:2022年3月14日。
③ 《"颜值经济"时代,如何在"田园牧歌"中抓流量挖文脉?》(2021年10月21日),"上海大调研"微信公众号,https://mp.weixin.qq.com/s/LnFcEtOtF71Qm0Y3KbSK-Q,最后浏览日期:2022年3月14日。

的可能,烟火气犹在,却又是崭新的乡村,村民乐居其中,游客流连其间,企业相继入驻。随着企业和工作室的进入,年轻力量也在涌入。吴房村现有一支平均年龄不超过30岁,约30人的管理运营团队,其中不乏"海归"以及国内双一流高校毕业的专业人才。园区内企业工作人员也以青年为主,平均年龄27岁,结合乡村文旅品牌发展,相关项目都由年轻人负责提出创意和运营。① 截至2021年12月,吴房村已入驻实体企业28家,累计注册企业150家,来此入驻创业的"80后"年轻人将近100人。

"逃离城市音乐工作室"正是其中一支重要队伍。吴房村优美的景致和有活力的产业,唤起了这群热爱音乐的年轻人内心的激情。他们偶然间发现了吴房村,萌生了留在这里做音乐的想法。创始人曾达夫和他的伙伴们形容第一次来到吴房村的时候,就曾被它的样子所惊艳,"成长在城市的我,着实被改建后的新乡村惊艳到了,和刻板印象中的农村相去甚远,这里有产业,有业态,有社区,完全可以作为青年立业奋斗,甚至安家落户的一种选择。而乡间自由浪漫的气息,也更适合音乐人前来采风获取灵感或是专心闭关创作"②。

这群热爱音乐的年轻人,在吴房村建起了一间音乐工作室。这个团队的成员都是来自五湖四海著名高校的本科生、研究生,他们来自武汉大学、中国人民大学、芝加哥大学、伯明翰皇家艺术学院、中国传媒大学等。③ 工作室坐落于吴房村216号,从2020年

---

① 张慧:《上海城与村丨南郊有吴房:夜晚音乐火热,白天十里桃花》(2021年1月1日),澎湃新闻,https://www.thepaper.cn/newsDetail_forward_9587317,最后浏览日期:2022年3月14日。
② 凌姗姗:《乘着歌声的翅膀——记青村镇吴房村"逃离城市音乐工作室"》,《奉贤报》,2021年4月9日,第3版。
③ 同上。

9月份开始筹备。① 一年来,"逃离城市音乐工作室"运营社交媒体、承接乡村音乐派对、给村镇写主题曲、为企业拍摄MV,不断尝试用各种年轻化的表达去传递正能量。

这个工作室里诞生了他们的第一首原创主题曲及MV——一部名为《逃离城市》的原创音乐微电影,并在网络上迅速升温,播放量已超3万次,歌曲的共鸣引来几百条点赞的弹幕。影片讲述的是一名在上海陆家嘴闯荡的年轻人,从对大都市的向往,到美好的幻想被现实击破。在迷茫与徘徊之中,他无意间在朋友的鼓动下,来到了上海郊区一个聚集了热爱音乐的年轻人的神奇村子里,并希望能在那里找到生命的意义和心灵的归宿。②

"逃离城市音乐工作室"正在用自己的方式,致力于探索音乐和乡村的关系。他们希望能在纯真的乡土气息中获取灵感与启发,更希望能用他们的原创音乐传递现代乡村的真实面貌,吸引更多年轻人可以选择乡村,为乡村振兴事业注入新的活力。在奉贤的桃花林、油菜花田中,这群年轻人试着用音乐突破城乡二元结构困局,为乡村文化振兴注入青年想法。正如他们所言:"应该让更多年轻人知道,乡村亦是种选择","未来村民的生活只会越来越好,但是口袋富裕了之后,这些村民的精神生活该如何得到充实和满足?这些就是我们现在真正在思考并付诸行动的重要的事情"③。

---

① 《美出圈!这个"市"外桃源,央视都来了》(2021年4月18日),上观新闻,https://sghexport.shobserver.com/html/baijiahao/2021/04/18/411034.html,最后浏览日期:2022年3月14日。

② 凌姗珊:《乘着歌声的翅膀——记青村镇吴房村"逃离城市音乐工作室"》,《奉贤报》,2021年4月9日,第3版。

③ 同上。

(三) 田园追慕：乡村的独特价值引力

吴房村"逃离城市音乐工作室"带来了新的启发，让我们发现城市化和逆城市化是并行不悖的，现代化与青年返乡是可以共同书写的。这也体现了随着以工业化为导向的现代化进程不断推进，城乡的关系也开始发生新的变化。一方面，中国的城市化仍然具有发展的空间和潜力；另一方面，在城市化的推动下，乡村的经济、社会文化价值开始回归。这主要是由于城市过度发展所导致的"城市病"不断出现，乡村社会的稀缺性得到了人们的认同。乡村振兴与新型城镇化共同推动乡村成为一个新的社会经济空间。乡村旅游、文旅产业、养老休闲等新的业态正在成为驱动新型城镇化和乡村振兴的新的动能。不断出现的乡村新产业开始提升乡村资源的价值。同时，回归乡村呈现出的社会价值也在带动一批人回乡、到乡创业和生活。①

对田居的追慕，来源于人作为自然生物人、生命感性人，追求在乡土农业、田园生活中返璞归真的人生意味。陶渊明在《归园田居》中对田园生活的自然怡性之演绎，令人叹为观止。就现在看来，田居既是中华民族绝大多数人囿于人多地少、资源紧缺的现实条件而不得不长期追求的一种精耕细作的生产生活状态，也是一种为解决现代生态危机而顺应"低消耗、低投入、高福利、高质量"的生产生活方式，更是越来越多"城里人"在后工业时代即将掀起的一种体验自然生命空间的时潮行动。②

因此，理解乡村振兴，除了要加快乡村发展之外，还有一个

---

① 李小云：《为什么要培养乡村 CEO？》(2021 年 12 月 3 日)，"小云助贫"微信公众号，https://mp.weixin.qq.com/s/LaplhxDjFp1GoO1NLysldg，最后浏览日期：2022 年 3 月 14 日。
② 何慧丽：《现代化背后的乡愁、乡恋和乡建》，《人民论坛》2013 年第 15 期。

重要方面就是必须充分发挥乡村自有的独特功能。城市和乡村有不同的功能,而不同的功能对于一个大国的发展来说都是必不可少的。城市的功能更多的是体现在要素的集聚和融合的基础上去推进多种多样的创新实践。乡村的功能在很大的程度上体现在守护和传承国家乃至民族生存和发展的根脉,承担的功能主要是农产品、生态产品的供应,同时也旨在成为城乡居民生活休闲的空间。乡村特有的功能应当是乡村振兴中最值得打造的增长点。农村要实现现代化,要构建现代化的乡村产业体系,这与要素集聚、服务业发达的城市是不一样的。现代化的农村理应做到山清水秀,一派田园风光。① 但与此同时,乡村振兴的核心又是现代化,现代化必然由现代城市和现代乡村共同构成。② 应通过城市和乡村的双向流动、传统和现代的对接来实现乡村振兴,发育出超越单一城和乡价值的一种新的现代的乡村价值。③ 城乡一体化绝不仅仅是乡村对城市简单的复制,更不意味着通过从"乡村"到"城市"的直线过渡而实现化乡为城。作为人类

---

① 陈锡文:《民族文化的根脉在乡村》(2021 年 9 月 16 日),"乡愁中国"微信公众号,https://mp.weixin.qq.com/s/3Ndv8eucHrl30-c0c7KYiw,最后浏览日期:2022 年 3 月 14 日;陈锡文:《乡村振兴不是简单地加快乡村发展》(2021 年 6 月 3 日),"中国乡村振兴"微信公众号,https://mp.weixin.qq.com/s/cLB3jP0cTzcimGnPWJlc6g,最后浏览日期:2022 年 3 月 14 日;魏后凯:《关于乡村振兴的 10 个最新观点》(2021 年 8 月 6 日),"新三农"微信公众号,https://mp.weixin.qq.com/s/e1hiSKbrkWfp9RKydJu1MQ,最后浏览日期:2022 年 3 月 14 日。
② 李小云:《乡村衰落的实质及乡村振兴的实践路径》(2021 年 9 月 28 日),"乡村振兴先导"微信公众号,https://mp.weixin.qq.com/s/Y9llsRb_5zkEXPivLKZi7g,最后浏览日期:2022 年 3 月 14 日;韩俊:《实施乡村振兴战略的五个关键问题》(2021 年 11 月 5 日),"乡村发现"微信公众号,https://mp.weixin.qq.com/s/BiihPHmtAv StZnSXjj3mDQ,最后浏览日期:2022 年 3 月 14 日。
③ 李小云:《乡村衰落的实质及乡村振兴的实践路径》(2021 年 9 月 28 日),"乡村振兴先导"微信公众号,https://mp.weixin.qq.com/s/Y9llsRb_5zkEXPivLKZi7g,最后浏览日期:2022 年 3 月 14 日。

社会最为基础的一极,乡村还应保持其独有的"自性"。每个乡村社会都是根据自己的创造力来实现"现代化",从而实现真正的城乡融合与协调发展。①

三、坚守以人为中心的乡村振兴道路

(一) 以人民为中心:乡村振兴的根本立场

2017 年 10 月,中共十九大报告指出,"农业、农村、农民"问题是关系国计民生的根本性问题,必须始终把解决好"三农"问题作为全党工作的重中之重,实施乡村振兴战略,并提出了"产业兴旺、生态宜居、乡风文明、治理有效、生活富裕"的 20 字总要求。2018 年 9 月,中共中央、国务院印发了《乡村振兴战略规划(2018—2022 年)》。2020 年底,我国脱贫攻坚战取得全面胜利,现行标准下 9 899 万农村贫困人口全部脱贫,区域性整体贫困得到解决,消除了绝对贫困。这是世界历史上前所未有的伟大成就。②

2021 年年初,中央一号文件发布,对农村工作做出了基本路线调整,"乡村振兴"正式替代"脱贫攻坚"成为农村改革新的战略方针。习近平总书记强调,脱贫攻坚取得胜利后,要全面推进乡村振兴,这是"三农"工作重心的历史性转移。③ 2021 年 2 月,国务院

---

① 陶然:《城乡土地改革①大城市、特大城市偏向及纠偏策略》(2021 年 10 月 27 日),澎湃新闻,https://www.thepaper.cn/newsDetail_forward_15076692,最后浏览日期:2022 年 3 月 14 日。
② 《〈人类减贫的中国实践〉白皮书(全文)》(2021 年 4 月 6 日),国务院新闻办公室网站,http://www.scio.gov.cn/zfbps/32832/Document/1701632/1701632.htm,最后浏览日期:2022 年 5 月 13 日。
③ 《习近平在中央农村工作会议上强调 坚持把解决好"三农"问题作为全党工作重中之重》(2020 年 12 月 29 日),新华网,http://www.xinhuanet.com/politics/2020-12/29/c_1126923715.htm,最后浏览日期:2022 年 3 月 19 日。

直属机构国家乡村振兴局正式挂牌。2021年3月,国家发布的《中华人民共和国国民经济和社会发展第十四个五年规划和2035年远景目标纲要》提出实施"乡村建设行动",并将其作为"十四五"时期全面推进乡村振兴的重点任务。2021年的中央一号文件及《中华人民共和国乡村振兴促进法》也对实施乡村建设行动作出了相关部署。"民族要复兴,乡村必振兴",当前,中国正在全面深入推动乡村振兴战略实施。

如第一章所述,乡村振兴的本质是共同富裕。实现共同富裕是社会主义的本质要求,而要实现共同富裕,乡村振兴是必经之路。在农村空心化形势严峻的背景下,公平而有效地推进乡村振兴是我国面临的重要课题。① 广大村民既是建设者、参与者,也是受益者、共享者。

(二)美好生活向往:乡村振兴的内生动力

习近平总书记指出,"实施乡村振兴战略是一篇大文章,要统筹谋划,科学推进","要充分尊重广大农民意愿,调动广大农民积极性、主动性、创造性,把广大农民对美好生活的向往化为推动乡村振兴的动力,把维护广大农民根本利益、促进广大农民共同富裕作为出发点和落脚点"。②

实施乡村振兴战略应当按照"产业兴旺、生态宜居、乡风文明、治理有效、生活富裕"的总要求,实现乡村的美好产业、美好家园、

---

① 刘爱梅:《农村空心化对乡村建设的制约与化解思路》,《东岳论丛》2021年第11期。
② 《习近平李克强王沪宁赵乐际韩正分别参加全国人大会议一些代表团审议》(2018年3月9日),人民网,http://cpc.people.com.cn/n1/2018/0309/c64094-29857100.htm,最后浏览日期:2022年7月1日。

美好风气、美好秩序和美好生活。① 实现乡村现代化,需要重新定位乡村的功能,赋予乡村多元化的功能价值。乡村不仅是农民生产和居住的场所,还要把乡村定位为集生产、居住、养老、休闲、度假等多功能于一体的美丽宜居乡村。不同地区美丽宜居乡村的功能定位可以有所不同,但是都要有这三个共同特点——美丽、生态、宜居。增强乡村吸引力的关键在于以下四个方面:乡村生态景观的吸引力、生活基础设施水平的提高、交通可达性的增强、产业的多元化。通过上述四个方面的建设,促使乡村提升其功能价值,改变传统乡村社区作为农业生产和农民居住场所的单一功能定位,使其成为城镇与乡村人口生产、居住、休闲、度假、养老等多功能共存的空间场所。②

其中,破解推进乡村振兴的问题关键在于赋予乡村生活以灵魂。具体而言要在如下两个方面下功夫。首先要大力发掘发展乡村特有文化,通过村庄规划建设,将乡风乡韵以物化形态呈现出来。推进优秀传统风俗文化传承创新以及与社会主义核心价值观的融合,打造新时代乡村生活精神家园。发展乡村文化产业和文化旅游业,以乡村文化资源的市场价值反哺乡村文化的发展。其次要有效提供便利、现代化的生活条件。支持乡村地区因地制宜建设现代化文化场馆,加强数字化技术应用,让乡村居民就近享受各种先进的文化服务。乡村文化振兴的目标在于,使乡村成为不同于城市的另一种有吸引力的生活方式。③

---

① 唐世平、李小云:《"乡村振兴"可持续发展的三个维度》(2021年10月6日),澎湃新闻,https://www.thepaper.cn/newsDetail_forward_14794605,最后浏览日期:2022年3月14日。
② 刘爱梅:《农村空心化对乡村建设的制约与化解思路》,《东岳论丛》2021年第11期。
③ 黄承伟:《推进乡村振兴的理论前沿问题》,《行政管理改革》2021年第8期。

乡村振兴本质是乡村的现代化,人的现代化是核心。没有农民的现代化,就没有乡村现代化。① 乡村振兴战略的主体是农民,要充分发挥农民群众在乡村振兴战略以及农业农村现代化推进过程中的作用。切实关注农民群众的需求,通过各项惠农富农政策满足农民的利益诉求,利用强化补贴、保险等手段保证农民的最低收入。重视和改善农民的社会地位,加强农民职业教育,增加精神文化产品供给,满足农民精神文化需求,提升农民对创造美好生活的积极性,激发农民的主体意识,让农民更广泛、更深入地参与到发展农村生产力的伟大实践中来。②

奉贤区吴房村的乡村振兴建设充分体现了以人民为中心的理念。在基础设施建设方面,结合村民生活品质改善及发展需要,充分考虑示范村规划后期提升,高标准实施农村生活污水处理、供水管网、电力、通信、公共卫生等基础设施改造。在公共服务方面,以生活驿站、睦邻"四堂间"等为载体,通过"三社联动",努力为老年人提供受欢迎的服务,丰富晚年生活。在文明乡风培育方面,从塑造人文精神层面入手,坚持文化传承。例如,吴房村致力于挖掘、发扬青溪文化、黄桃文化、贤孝文化等青村本土文化,用优秀文化培养文明乡风,引导农民投身乡村振兴。奉贤注重古桥、古牌坊等文物古迹的修缮保护,挖掘青村刻纸、打莲湘、钩针编织技艺、杜瓜粉制造技法等民间艺术及非物质文化遗产,修复"陶宅八景",建设村史馆,深化黄桃文化,挖掘旌义文化、贤窑文化内涵,寻踪"青村

---

① 陈杰:《乡村振兴须谨防五大误区和谨记六大要点》(2021年8月14日),"乡知乡见"微信公众号,https://mp.weixin.qq.com/s/_wB-mEkqFYVBmT_dQ21Yrg,最后浏览日期:2022年3月14日。
② 潘启龙、韩振、陈珏颖:《美国农村阶段发展及对中国乡村振兴的启示》,《世界农业》2021年第9期。

胎记",留下"青村文脉"。奉贤通过这些途径提高乡村社会文明程度,以文化振兴促乡村振兴。

推动农业农村现代化,是上海建设具有世界影响力的社会主义现代化国际大都市的重要组成部分。市委书记、市实施乡村振兴战略工作领导小组组长李强指出:"上海推进乡村振兴,必须匹配超大城市定位,顺应农民群众期待,全力做好农业高质高效、乡村宜居宜业、农民富裕富足的大文章。要坚持从实际出发,加快补上基础设施、公共服务、人居环境、社会治理的短板。紧扣当地资源禀赋、乡村文化底蕴和产业发展重点,加快打造一批'颜值'高、生态优、产业强、服务全、农民富的特色品牌乡村,塑造超大城市乡村别样风景。"①

(三)专业人才吸纳:乡村振兴的关键支撑

人才为核,要以人才振兴促乡村振兴,应多形式地鼓励人才下乡。一是建设优秀领导班子,培养乡村带头人。二是开展多种渠道培训,提高村民科学文化素质。三是充分发挥现有乡村人才的作用,留住本地人才。四是给乡村人才创造好的生活环境、工作环境,让留在乡村的各种人才能够获得发展空间和上升通道。②

总体而言,要聚焦两类人才培育,充分发挥其作用,解决好乡村人才振兴的重点难点问题。第一类是生产经营及创业类人才的振兴。要以制定实施产业发展优惠政策为抓手,搭建乡村振兴服

---

① 《今天这个现场会事关乡村振兴! 李强要求塑造乡村发展新优势,构建城乡融合新格局》(2021 年 4 月 9 日),"上海发布"微信公众号,https://mp.weixin.qq.com/s/EITI-UBBXh2bk8UfYE6tOA,最后浏览日期:2022 年 3 月 14 日。
② 魏后凯:《关于乡村振兴的 10 个最新观点》(2021 年 8 月 6 日),"新三农"微信公众号,https://mp.weixin.qq.com/s/e1hiSKbrkWfp9RKydJu1MQ,最后浏览日期:2022 年 3 月 14 日。

务平台,支持和引导经营管理人才、法律服务人才、农林牧副渔技术人才、电子商务人才、文化旅游人才等各类人才利用技术、资金、资源等优势服务乡村振兴。第二类是公共管理公共服务类人才。要以改善待遇和创新用人机制为突破口,让优秀人才有积极性竞争乡村治理等管理岗位,让教育、科技、卫生、文化等领域专业技术人才能够在服务乡村中成就事业,并在城乡间自由流动。① 具体而言,又可以如下两个方面的工作为抓手。

1. 培育本地农村人才

如何能够让广大农民成为乡村振兴的主体是问题的核心。② 进一步讲,化解这一问题就要做到:通过政府的优惠政策促进城乡的双向良性互动,让愿意留下的人能够留住,同时吸引本村在外的优秀人才回流,还要努力挖掘与培育新型农民,鼓励农民通过创新创业迈向富裕。③

首先,要创造条件"留人"。要加快农村产业的多元化发展以及城乡产业融合发展,通过税收优惠等政策引导有需求的企业入驻,为农民提供就业岗位。④ 同时要把乡村建设成宜居乡村,医院、超市、公共厕所等基础设施要健全。⑤

---

① 黄承伟:《推进乡村振兴的理论前沿问题》,《行政管理改革》2021年第8期。
② 唐世平、李小云:《"乡村振兴"可持续发展的三个维度》(2021年10月6日),澎湃新闻,https://www.thepaper.cn/newsDetail_forward_14794605,最后浏览日期:2022年3月14日。
③ 韩俊:《实施乡村振兴战略的五个关键问题》(2021年11月5日),"乡村发现"微信公众号,https://mp.weixin.qq.com/s/BiihPHmtAvStZnSXjj3mDQ,最后浏览日期:2022年3月14日。
④ 刘爱梅:《农村空心化对乡村建设的制约与化解思路》,《东岳论丛》2021年第11期。
⑤ 李小云:《乡村衰落的实质及乡村振兴的实践路径》(2021年9月28日),"乡村振兴先导"微信公众号,https://mp.weixin.qq.com/s/Y91lsRb_5zkEXPivLKZi7g,最后浏览日期:2022年3月14日。

其次，要加大力度"化人"。要加强农村专业人才队伍建设，培养更多知农爱农、扎根乡村的人才，加强农业科技人才队伍和技术推广队伍建设。①

最后，通过政策优惠鼓励农村内部人才的创新创业。支持乡村建设带头人通过示范引导，带动村民进行家乡建设，使农民不仅种植农作物，还从事农产品加工，提供电商、采摘、住宿、娱乐等服务，从而更多途径迈向富裕。②

上海市人社局2021年印发的《关于助力全面推进乡村振兴的若干政策措施》，正围绕促进农民就业创业、强化技能提升、加强人才体系支持方面发挥着积极作用。在促进农民就业创业方面，有返乡下乡创业意向的创业者如开办农民合作社、农业企业等契合乡村产业特点的创业组织，带动乡村产业振兴和就业增长，可按规定申请政策扶持。在强化技能提升方面，加大农民职业培训力度，对符合条件的对象按规定给予培训费补贴或职业技能提升补贴，鼓励农民高技能人才、乡村工匠、非遗传承人等的评选表彰。在加强人才体系支持方面，开展农业农村专业技术人才正高级职称评审工作，培养选拔一批高层次农业技术人才。此外，对长期扎根乡村基层一线，在乡村振兴工作中作出重要贡献、取得突出业绩的专业技术人才给予优惠。③

吴房村的兴旺发展离不开人才支撑。吴房村积极加强农村人

---

① 《关于印发〈上海市乡村振兴"十四五"规划〉的通知》（沪府发〔2021〕9号），上海市人民政府网站，https://www.shanghai.gov.cn/nw12344/20210720/046782b10d2145c0b201c41aca762196.html，最后浏览日期：2022年3月14日。
② 刘爱梅：《农村空心化对乡村建设的制约与化解思路》，《东岳论丛》2021年第11期。
③ 吴頔：《上海出台新政：这些人将享受一份专属补贴！来看看你符合条件吗》（2021年8月21日），上观新闻，https://www.jfdaily.com/news/detail?id=397975，最后浏览日期：2022年3月14日。

才队伍建设。一是挖好本乡人才"富矿宝藏"。充分挖掘农民企业家、农业种植能手、养殖高手和能工巧匠等农村实用人才,加大培训教育力度,打造一批懂农业、爱农村、爱农民的"乡土专家"和新型职业农民,鼓励和支持优秀本土人才以新型农业经营主体的身份发展农村产业。二是鼓励返乡人才"归来还巢"。通过加大沟通宣传,展示吴房村乡村振兴示范村现状,让返乡人才看到"希望的田野"。加大舆论引导,依托"感动奉贤""十路百佳""乡贤人物"等评选活动,树立返乡人才先进典型,积极营造重视返乡人才良好氛围。加大情感投资,通过农村基层党组织关心返乡人才的就业、生活,增强返乡人才的归属感。

2. 吸引城市多元人才

破解农村"空心化"的关键是提高乡村建设的主体力量和能力水平。[1] 要以体制机制创新打通城乡人才双向流通通道、以乡村独特的价值引力吸引人才,促进社会资本和城市人力资本下乡,从而提升和改造乡村人力资本结构,壮大乡村建设的主体力量。

首先,要完善选派优秀干部支持农村发展的工作制度,加强驻村指导员队伍建设,优化派驻人员工作保障机制和激励措施,积极引导支持高校毕业生到农村基层工作和创业,完善新乡贤的支持政策,鼓励离退休党员干部、知识分子和工商界人士"告老还乡"。[2]

其次,吸引各类人才投身乡村建设。制定出台相关扶持政策,支持大学生、退役军人、企业家等到农村干事创业,引导农业、林

---

[1] 刘爱梅:《农村空心化对乡村建设的制约与化解思路》,《东岳论丛》2021年第11期。
[2] 《关于印发〈上海市乡村振兴"十四五"规划〉的通知》(沪府发〔2021〕9号),上海市人民政府网站,https://www.shanghai.gov.cn/nw12344/20210720/046782b10d2145c0b201c41aca762196.html,最后浏览日期:2022年3月14日。

业、畜牧业、渔业、水利、工业等领域的专业技术人员进村入企提供科技服务,带动农民创业创新。

最后,不断提升乡村的吸引力,凝聚乡村的人气。保持田园风光与乡土特色,让人有机会更亲近自然,亲近土地,邻里之间有更多互动;也要促进乡村现代化,提高乡村的公共服务水平,使乡村成为吸引人的居住空间。①

年轻人是乡村振兴的核心引擎。吴房村提出"以人才振兴为抓手驱动区域乡村振兴,依托上海资源,通过吸引青年创新创业,带动黄桃产业升级,打造乡村国际青年共创集群"②的特色发展路径。抓住青年创业的主要诉求,积极营造与城市创业不同的有利环境——低成本、低难度、低起点,从而最大程度地给予年轻人发展空间。乡村文化旅游品牌发展的相关项目都由年轻人负责提出创意和运营,在专业平台的运营下,农创集市、音乐工作室、乡村振兴学院、民宿、咖啡店、茶食铺等多种新乡村产业已在村里扎根成长。复旦大学也在吴房村设立了教学实习基地,为乡村注入人才新活力。③ 此外,国盛集团牵头组建的上海长三角乡村振兴人才发展中心,同步为吸引青年人下乡创业提供配套办公场所、公寓、孵化器等。④ 随着各项配

---

① 王晓毅:《重建乡村生活 实现乡村振兴》,《华中师范大学学报》(人文社会科学版)2019 年第 1 期。
② 《李强书记视察青年镇吴房村,乡伴全产业链助推上海乡建》(2019 年 7 月 9 日),"乡伴"微信公众号,https://mp.weixin.qq.com/s/KoLfNrIszlamqAxt5SuOuw,最后浏览日期:2022 年 4 月 6 日。
③ 张朝登:《奉贤吴房村:打造具有上海特色的乡村振兴示范样本》(2020 年 5 月 21 日),中国经济导报网,http://www.ceh.com.cn/ep_m/ceh/html/2020/05/21/04/04_32.htm,最后浏览日期:2022 年 4 月 6 日。
④ 《"奉贤黄桃"与"青春吴房"的故事》(2021 年 9 月 25 日),"宣传通讯"微信公众号,https://mp.weixin.qq.com/s/XFmimqHw03ApdMXjPDSpLw,最后浏览日期:2022 年 4 月 6 日。

套设施、功能布局的不断完善,吴房村内的入驻企业日益增多,就业机会也不断增加。当地农民不再选择外出务工,而是纷纷就近就业,原本从村里"逃离"出去的年轻人也都重返家乡,还吸引了来自五湖四海的高学历年轻人,他们中的很多人满怀理想和抱负来到吴房村,将自己的满腔热情投入乡村振兴事业中。在吴房村村口竖立的"青春啊!青村"标识寓意这个曾经贫困的村子正因为年轻人而焕发新生、走向小康。①

(四)迈向共同富裕:乡村振兴的内在要求

习近平总书记强调,"共同富裕是社会主义的本质要求,是中国式现代化的重要特征","促进共同富裕,最艰巨最繁重的任务仍然在农村","要全面推进乡村振兴,加快农业产业化,盘活农村资产,增加农民财产性收入,使更多农村居民勤劳致富。要加强农村基础设施和公共服务体系建设,改善农村人居环境"。②

在当前经济发展和生活环境改善的情况下,新农村的建设发展过程中农民收入能否持续性增长成为一个较大的问题,所以进一步增加农民"财产性收入"是目前奉贤乡村振兴的基本目标。奉贤区政府希望给予农户丰富的政策超市产品用于选择,而在实质推进过程中,奉贤区着眼于进一步给予镇级层面及广大农民更明确的政策导向,增强农民的理财意识,引导农民通过持有经营性资产,获得长期稳定收益。

农民是乡村振兴的主力军,也是最终的受益人。奉贤区青村镇吴房村就按照"美在生态、富在产业、根在文化、源在人才"的乡

---

① 《乡振地图|"青春吴房" 越来越有温度》(2022年2月16日),"文旅推荐官"微信公众号,https://mp.weixin.qq.com/s/Td0jeYh0V4FCY__grt5jPg,最后浏览日期:2022年4月6日。

② 习近平:《扎实推进共同富裕》,《求是》2021年第20期。

村振兴发展目标，引入国有资本，吸引社会资本，盘活集体资产，解决了乡村振兴中的大难题。吴房村是上海市创建乡村振兴示范村之一，市属国企上海国盛集团以其为试点深入探索了国有资本参与乡村振兴的新模式，择机组建了以长三角乡村振兴为主题的股权投资基金，引领和带动长三角城乡区域经济一体化发展。目前，吴房村一期园区已进入常态化运营。吴房村建设以基金为枢纽，联动政府和企业，先行探索乡村振兴全新模式。通过统筹配置产业、金融、土地、科技和人才等资源，以国有资本撬动社会资源，促进村一二三产业融合，更好体现国资运营平台的使命和担当。当前，村级集体经济显著壮大。通过整体一盘棋规划，实现"农区—园区—镇区"三区联动。

通过统筹运营、整体管理，吴房村已注册企业150家，入驻企业引进新"村民"162人。入驻企业以农创文旅、亲子研学、智能制造、医疗康养等行业为主。同时，吴房村也激活村民的积极性，让村民也参与到家乡的点滴改造中来。2019年，青村镇推出了鼓励"家门口"就业的补贴政策。立足实际，吴房村成立村级物业公司，设置"守护家园"就业岗位，让130名本村村民不同程度地实现了"家门口"就业。通过构建"租金＋股金＋薪金"的多层次收益模式，村民既当房东，又当股东，还当员工，充满了幸福感。① 通过专注乡村振兴发展的全面运作，吴房村实现农业强、农村美、农民富，推动乡村高质量全面发展和村民共同富裕。

2021年5月，国家乡村振兴局负责人一行到奉贤区调研乡村振兴工作。他们走进青村镇吴房村，了解该村"通过市场化运作、

---

① 《"奉贤黄桃"与"青春吴房"的故事》（2021年9月25日），"宣传通讯"微信公众号，https://mp.weixin.qq.com/s/XFmimqHw03ApdMXjPDSpLw，最后浏览日期：2022年4月6日。

资产化运营,盘活资源,将吴房村打造成风景如画、产业兴旺、新老村民融合的网红村"的先进经验。国家乡村振兴局充分肯定了奉贤在实施乡村振兴战略中取得的成绩,指出上海奉贤在探索实践过程中,深刻领会、准确把握,抢抓国家农村宅基地制度改革试点,紧紧牵住农民相对集中居住这一"牛鼻子",实现一二三产业融合发展,闯出了一条符合超大城市特点、符合奉贤实际、具有奉贤特色的乡村振兴道路。①

未来,奉贤要以田园为底色,以现代化为风帆,积极探索一条行稳致远的乡村振兴、乡村治理新路子,让农民的"口袋"和"脑袋"都富起来,享受美好的城市生活,最终实现"乡村让城市更美,乡村比城市更美"的愿景,实现城市繁华、农村繁荣的伟大目标。②

---

① 金朝晖:《国家乡村振兴局来上海奉贤调研》(2021年5月26日),中国小康网,http://news.chinaxiaokang.com/shizheng/2021/0526/1175545.html,最后浏览日期:2022年3月14日。
② 《又一家"青春里"养老社区揭牌!奉贤积极探索一条行稳致远的乡村振兴新路子》(2021年10月25日),上海奉贤,https://www.fengxian.gov.cn/xdjd/col3369/20211025/3369-8bd282bc-5a88-4e0b-8a81-4b10ab8f8fde.html,最后浏览日期:2022年3月14日。

第四章
"三块地"改革:乡土社会核心资源的资本化、集约化

第四章 "三块地"改革：乡土社会核心资源的资本化、集约化

土地制度改革是大都市背景下乡村振兴所面临的最关键问题。城乡间收入的巨大落差源自农村的第一产业生产率的增长显著落后于城市的二三产业生产率的增长。为了提高农村产业生产率，必须促进其一二三产业融合发展，对于大都市乡村来说尤其如此。但现有的农村土地制度不仅限制了土地使用范围，而且限制了土地使用主体的资格，尤其在大都市快速发展的背景下，大都市乡村土地资源存在大量闲置，并在一定程度上呈现出衰败景象。大都市乡村要实施乡村振兴战略，重点就在于加大土地制度改革力度，盘活和利用好闲置的土地资源。这对于大都市乡村，是最大的优势和红利所在，同时对于城市而言，也提供了宝贵的发展增量。在这方面，奉贤紧紧抓住"国家农村宅基地制度改革试点"机遇，以宅基地、承包地、集体建设用地"三地"为着力点，推进城镇化、股权化、证券化"三化"改革，对于乡村土地资源的资本化、集约化利用，做出了很多积极有益的探索。

一、我国农村土地改革的历史进程和路径走向

我国现行的土地管理制度是城乡二元分治的，城市实行的是土地国有制，农村实行的是土地集体所有制。这一制度在推进经济发展上曾发挥了积极的作用，但在中国特色社会主义进入新时代以来，其负面作用日益严重，具体表现在两个方面。第一，城乡

土地存在巨大价差,利益分配存在失衡。除公益用地外,城市建设用地实行"招标拍卖、挂牌出让"制度,市场化程度很高。农村集体建设用地要进入这一市场,必须先由地方政府征收为国有,由此产生巨大价差,土地增值收入也因此在地方财政中占有相当大的比重。但在利益分配时,被征地农民的利益有时没有得到合理体现。第二,城乡建设用地市场分而治之,难以有效协调。农村宅基地难以进入市场,造成空置、浪费严重;城市用地紧张,房价高企。现行土地管理制度与新时代中国特色社会主义发展需求不相适应,对城乡土地改革提出了更高的要求。为了能更好探讨我国农村土地改革的实现路径,本章首先梳理农村土地制度的变迁历程,以厘清土地的产权脉络。

(一) 我国农村土地集体所有制的确立

我国农村土地集体所有制是在农业合作和人民公社化的过程中逐步确立的。为了推进中国的工业化战略,实现促进农业的规模化生产、共同兴修农田水利、提高农田质量、降低务农风险等目标,同时也为了解决统购统销中政府与分散农户交易成本过高的问题,党中央于1953年颁布了《关于发展农业生产合作社的决议》,鼓励农民合作生产,鼓励农村组织生产合作社,并指出了生产合作社的具体演变路径,即从初始的"互助组",到实行土地入股、统一经营的"初级社",再到全面实行集体农民公有制的"高级社"。当年,全国共1亿农户(约4亿农民)编为400万个合作社。随着"一五"计划的展开和城市工业化速度的加快,我国于1956年提出农业现代化,并在全国推广建立生产合作社,以使农村的经济制度能更加匹配国家的工业化战略。1956年全国共建高级社54万个,次年高级社数量增至74万个,覆盖全部农业人口。1958年又将高级社进一步合并成2.6万个人民公社。① 1962年9月颁布的《农村人民公社工作条例修正草案》,明确了"三级所有,队为基础"的生产资料所有制,即生产资料分别由公社、生产大队和生产队三级所有,并在第二十一条第一款规定:"生产队范围内的土地,都归生产队所有。生产队所有的土地,包括社员的自留地、自留山、宅基地等等,一律不准出租和买卖。"这标志着我国农村土地集体所有制的基本确立。农村土地集体所有制是公有制在乡村的实现形式,国家全面控制农地上的经济行为——包括作物种植选择和收益获得,因此国家在事实上行使集体土地的产权,而各级集体则是执行单位。

(二) 改革开放时期的家庭承包经营制改革

党的十一届三中全会后,我国农业生产实行了家庭承包经营责任制,把交由集体的农地使用权分给以家庭为单位的农户,集体保留土地所有权。这是在吸收现代产权理论后,认识到了所有权与所有制含义并不相同,并且土地权利的内涵也可以随着经济发展而不断丰富,可以将所有权分解为使用权、经营权、租让权、抵押权、处置权、收益权等一系列权利束。家庭承包经营责任制形成了国家、集体与农户之间的三方承包合约并使之制度化,即"交够国家的、留足集体的、剩下都是自己的",农户在完成承包合约中的国家任务和集体义务之后,获得了集体土地的剩余索取权。家庭承包经营责任制的制度创新,在保证土地等生产资料的公有制长期不变的基础上,实现了以激励为导向的农地产权配置,使农民的物质与人力资本能更多地配置于生产性活动,提高了农业生产的经济绩效。

---

① 张文洲、罗婧:《家庭农场理论与实践创新研究》,辽宁大学出版社2010年版,第16页。

此轮改革更深层次的意义在于,将集体组织所有与控制的传统集体所有制转变为集体所有成员共有的现行集体所有制。集体所有制的本质是每个集体组织的合法成员天然平等享有集体所有土地的各项权利。因此,在此逻辑之下的家庭承包制,是依据人口数而非依据户数,实行对土地的均分。也因为这一原因,当家庭成员数发生变化后,就必然有实行土地再分配的需要。但频繁的土地调整必然会影响土地产权的强度,进而会造成农民预期不稳和投资减少的负面影响。[1] 为了稳定农民的土地预期,自2003年3月1日起施行的《中华人民共和国农村土地承包法》将"增人不增地、减人不减地"的制度安排写入法律,在承包期内锁定了人地关系。在改革开放后我国快速工业化和城镇化的背景下,农地对农民的经济重要性下降,稳定人地关系在保证农地投资增加和粮食增产的同时,也促进了农民的非农化。

(三) 新时代的承包地"三权分置"改革

在改革开放后的第一轮农地制度改革中,土地承包经营权的设定是以农民作为自耕者为前提的,农民基于其集体成员身份获取承包经营权,权利带有很明显的身份属性。随着工业化、城镇化的快速推进,农民外出从事非农就业成为常态。而在非农业争夺劳动力的竞争下,农业劳动力机会成本上升,农业要素相对价格发生巨大变化,农业发展方式发生历史性转变,从以提高土地生产率为主的精耕细作模式向以提高劳动生产率为主的现代模式转变。[2] 中共十八届三中全会提出,要推进农业经营方式创新,鼓励土地承包经营权在公开市场上向专业大户、家庭农场、农民合作

---

[1] 刘守英:《中国农地制度的合约结构与产权残缺》,《中国农村经济》1993年第2期。
[2] 刘守英:《中国的农业转型与政策选择》,《行政管理改革》2013年第12期。

社、农业企业有序流转。在农业生产方式发生巨大变革的同时,农业生产关系日益滞后。由于承包经营权流转存在身份限制,经营者的权利无法拥有稳定的预期,同时流转权利的农民也有失去集体成员身份的担忧,这严重影响了承包经营权的市场流转。虽然在农民的非农收入份额上升后,农地的经济重要性已显著下降,但是承包农户持有土地的安全保障需求仍然需要引起重视。习近平总书记曾多次强调,没有农业农村现代化,就没有整个国家现代化,有的国家在现代化进程中没有处理好工农关系、城乡关系,大量失业农民涌向城市贫民窟,最终导致现代化陷入了"中等收入陷阱"。

2013年12月23日,习近平总书记在主持中央农村工作会议时强调,"农民家庭是集体土地承包经营的法定主体。……不论承包经营权如何流转,集体土地承包权都属于农民家庭。这是农民土地承包经营权的根本,也是农村基本经营制度的根本"[1]。因此,要"以不变应万变",不变的是农村土地集体所有、家庭经营基础性地位和现有土地承包关系,变化的是产权的实现形式,以此来适应土地经营权流转和农业经营方式的多样化。2014年9月29日,习近平总书记在中央全面深化改革领导小组第五次会议上指出,"要在坚持农村土地集体所有的前提下,促使承包权和经营权分离,形成所有权、承包权、经营权三权分置,经营权流转的格局"[2]。2015年11月,中央印发的《深化农村改革综合性实施方案》明确界定了农地三权分置的方向和内涵,包括落实集体所有权、稳定农户承包权和放活土地经营权。2016年10月,中共中央办公厅、国务院办公厅印发《关于完善农村土地所有权承包权经营

---

[1] 《十八大以来重要文献选编》(上),中央文献出版社2014年版,第668—669页。
[2] 《习近平主持召开中央全面深化改革领导小组第五次会议》,《人民日报》,2014年9月30日,第1版。

权分置办法的意见》,该意见明确了农地三权分置的指导性原则,包括:"农村土地农民集体所有必须牢牢坚持";"严格保护农户承包地位,任何组织和个人都不能非法剥夺和限制农户的土地承包权";"放活土地经营权,在依法保护集体所有权和农户承包权的前提下,平等保护经营主体依流转合同取得的土地经营权,保障其有稳定的经营预期"。

农地三权分置作为"我国农村改革的又一次重大创新",坚持和完善了农村基本经营制度,符合工业化、城镇化、农业现代化进程中农地制度的演化趋势,构建起与城乡融合发展和农业现代化相适应的土地产权制度基础。①

(四) 打破城乡建设用地二元结构的农村"三块地"改革

农村"三块地"改革是指始于2015年的农村土地征收、集体经营性建设用地入市、宅基地制度改革三项农村土地制度改革。其主要任务在于破解在城镇化过程中传统农地征收制度所造成的一系列城乡两极分化难题,核心要义在于打破城乡二元分治土地结构、促进城乡融合发展。改革开放以来,与我国经济高速增长相伴随的是农地的大规模非农化。我国农地转为建设用地,从空间角度可分成转为农村建设用地和城镇建设用地两种情况。20世纪80年代初期,随着农村联产承包责任制改革释放出大量农村剩余劳动力,政府鼓励农民利用集体土地创办乡镇企业,这一时期农村的集体建设用地快速增长。

1992年开始,我国对集体建设用地的政策发生转变,集体土地必须先征为国有土地后才能出让为建设用地,也即城镇建设用

---

① 刘守英、高圣平、王瑞民:《农地三权分置下的土地权利体系重构》,《北京大学学报》(哲学社会科学版)2017年第5期。

地。1998年修订的《土地管理法》进一步从法律上收紧了农地转为集体建设用地的口子,使征地转用成为农地转为非农使用的唯一合法方式。征地范围遵循公共利益原则,但公共利益用途的界定较为宽泛,包括"国家进行经济、文化、国防建设以及兴办社会公共事业",而征地补偿则遵循的是原用途原则,以被征土地前三年平均年产值的30倍计算补偿总额,同时辅以对被征地者采取就业和转换身份的安置。以上征地原则使农地转用的增值收益完全归国家所有,集体土地所有权中的发展权权能在征地过程中并未得到合理体现。这一方面大大降低了工业化和城镇化的用地成本,随之而来的是近20年的快速工业化和城镇化浪潮;另一方面也使集体和农户难以分享工业化和城镇化的发展红利,导致城乡贫富两极分化在发展中进一步加深,"三农"问题越发严峻。

2003年10月,中共十六届三中全会明确要求推进征地制度改革,并提出征地改革的内容和方向:"按照保障农民权益、控制征地规模的原则,改革征地制度,完善征地程序。严格界定公益性和经营性建设用地,征地时必须符合土地利用总体规划和用途管制,及时给予农民合理补偿。"①2006年10月,中共十六届六中全会进一步要求"从严控制征地规模,加快征地制度改革,提高补偿标准,探索确保农民现实利益和长期稳定收益的有效办法,解决好被征地农民的就业和社会保障"②。2008年中央1号文件要求"继续推进征地制度改革试点,规范征地程序,提高补偿标准,健全对被征地农民的社会保障制度"③。2010年,国土资源部确定在11个城市开展征地制度改革试点,主要内容是:区分公益性和非公益性用

---

① 《十六大以来重要文献选编》(上),中央文献出版社2005年版,第468—469页。
② 《十六大以来重要文献选编》(下),中央文献出版社2008年版,第653页。
③ 《十七大以来重要文献选编》(上),中央文献出版社2009年版,第146页。

地,缩小征地范围;完善征地补偿安置机制;改进农地转用与征收审批方式。2013年11月,中共十八届三中全会决定对城乡二元土地制度进行系统性、根本性的改革,并对改革方案进行了总体部署,内容包括:在符合规划和用途管制的前提下,允许农村集体经营性建设用地出让、租赁、入股,实行与国有土地同等入市、同权同价;缩小征地范围、规范征地程序,完善对被征地农民的合理、规范、多元保障机制等。2014年12月,中央全面深化改革领导小组第七次会议审议了《关于农村土地征收、集体经营性建设用地入市、宅基地制度改革试点工作的意见》。会议指出,要坚持土地公有制性质不改变、耕地红线不突破、农民利益不受损三条底线,并在试点基础上有序推进。① 2015年2月,十二届全国人大常委会第十三次会议审议通过了《全国人民代表大会常务委员会关于授权国务院在北京市大兴区等三十三个试点县(市、区)行政区域暂时调整实施有关法律规定的决定》,授权期限截至2017年12月31日,农村"三块地"改革由此正式开始。2017年11月,十二届全国人大常委会第三十次会议决定将试点延期至2018年底。2018年12月,十三届全国人大常委会第七次会议决定再次将试点延期至2019年底。

(五)"三块地"改革的试点实践情况

"三块地"改革是整体性、系统性的制度变革,事关很多基础性的法律修订,是我国土地制度的顶层设计,具体可分为农村土地征收、集体经营性建设用地入市、宅基地制度改革三个方面。

在农村土地征收方面,改革的主要任务是:缩小土地征收范

---

① 《鼓励基层群众解放思想积极探索 推动改革顶层设计和基层探索互动》,《人民日报》,2014年12月3日,第1版。

围,规范土地征收程序,完善对被征地农民的合理、规范、多元保障机制。试点地区参照《国有土地上房屋征收与补偿条例》进行了综合改革探索,明确了政府可以征收集体土地的六种情形;探索了土地征收民主协商机制,在征地前先与农民签订土地补偿安置协议,落实补偿安置资金;各地制定公布区片综合地价,确定农用地征收的土地补偿费和安置补助费标准;以"户有所居"为基础,将农民住房作为专门的住房财产权给予公平合理补偿,不再作为地上附着物补偿;将被征地农民纳入城镇居民社会保障体系。

在集体经营性建设用地入市方面,改革的主要任务是:完善农村集体经营性建设用地产权制度,赋予农村集体经营性建设用地出让、租赁、入股权能;明确农村集体经营性建设用地入市范围和路径;明确集体经营性建设用地入市规则和监管措施。试点地区形成了比较完整的工作制度和政策体系,建立了集体经营性建设用地入市管理办法和交易规则;并参照国有建设用地交易制度,建立了集体经营性建设用地入市后的管理措施。

在宅基地制度改革方面,改革的主要任务是:完善宅基地权益保障和取得方式,探索农民住房保障在不同区域户有所居的多种实现形式;探索宅基地有偿使用和自愿有偿退出机制;完善宅基地审批制度。试点地区因地制宜地探索了传统农区"一户一宅"、城镇社区"一户一房"或享受住房保障待遇等多种户有所居的实现形式;探索了对超占部分按时段、面积、区域等标准收取有偿使用费,对利用宅基地上住房从事经营活动的由集体按使用面积收取土地收益金,对退出宅基地或放弃建房的农户实行购房补贴,允许农村老人退回宅基地置换养老服务等模式;下放使用存量宅基地审批权,但对新增建设用地的农转用审批,尚不具备下放条件,仍须依法办理农转用审批手续。

经过两次延期、历时四年多的"三块地"改革试点,形成了一批可复制、可推广、利修法的制度创新成果。推动了城乡统一的建设用地市场建设,将集体经营性建设用地纳入国有建设用地市场进行公开交易,使市场在土地资源配置中发挥决定性作用。增强了农村产业发展用地保障能力,将存量集体建设用地盘活后优先在农村配置,为乡村振兴添加了动力。征地补偿安置标准比法定补偿标准普遍提高,进一步显化了集体土地价值,解决了宅基地历史遗留问题,保障了农民土地权益,增加了农民土地财产收入。提升了农村土地利用和治理水平,夯实了农村土地管理基础,违法用地大幅减少,农村土地节约集约利用水平得到明显提升。农村"三块地"改革试点取得了积极的成效,但三项改革横向比较来看,集体建设用地入市改革成效最为显著,征地制度改革也取得了较大进展,宅基地制度改革则显得相对滞后。2018 年中央 1 号文件作出探索宅基地所有权、资格权、使用权"三权分置"的改革部署后,试点地区结合实际做了一些探索,但由于认识不足,并未形成可复制、可推广的制度经验,特别是有关方面对宅基地所有权、资格权、使用权的权利性质和边界认知不一致,还需要加大试点范围、延长试点时间,在实践中进一步探索宅基地"三权分置"问题。①

(六) 深化中的农村宅基地"三权分置"改革

宅基地"三权分置"是在原先所有权、使用权两权分离的基础上,进一步细化分离出农户的资格权。在原先两权分离的产权结构中,集体拥有宅基地所有权,农户可以无偿且无期限拥有宅基地

---

① 《国务院关于农村土地征收、集体经营性建设用地入市、宅基地制度改革试点情况的总结报告》,《中华人民共和国全国人民代表大会常务委员会公报》,2019 年第 1 期。

使用权,但不能用于经营、出租和转让,仅能用于自住。在改革开放以来快速工业化和城镇化的大环境下,城乡人口布局发生深刻调整,大部分农户进城务工且定居,使得农宅和宅基地大量闲置,但由于宅基地使用权禁止转让、无法抵押融资,导致进城农民既不能行使使用权,也不能将之盘活以满足在城镇的需求,只能任由宅基地资源闲置浪费。宅基地"三权分置"改革的目的,就是要在保障农民"离房不失房"的前提下,放活宅基地使用权,盘活闲置的宅基地资源。而具体的方法路径,就是通过创设农户资格权,将农民的基本居住权利从使用权中剥离出来,使宅基地使用权去身份化,进而就能通过使用权的流转实现权利价值。宅基地问题的复杂性主要在于,农宅的房屋所有权与宅基地使用权互相绑定,宅基地和其上农宅的所有权分别属于集体和农户,任何一方都难以单方面实现权利变动。农户从集体处获取宅基地使有权,依靠的是其所拥有的集体成员权,但当集体成员数发生了变动,集体成员权需要调整时,已使用的宅基地却难以进行相应调整。由于长期以来管理制度不健全,积累下来便产生了宅基地的一系列历史遗留问题,例如,农宅继承、面积超标、未批先建、一户多宅、城市居民拥有农宅等问题。此外,在1998年修订的《土地管理法》加强土地规划管控后,宅基地占据的建设用地指标成为稀缺资源,这使宅基地问题进一步复杂化。

宅基地问题虽然复杂,但亦可将其归为两类:一类是基于集体成员权的宅基地权益的获得、调整和处置的问题,这是基本性的产权问题;另一类是由于管理制度不健全所导致的一系列问题,这是延伸性的治理问题。基本性问题是延伸性问题的根源,也是解决问题的关键所在。但基本性问题涉及产权制度层面,基层无权解决。中央推行宅基地"三权分置"改革,正是产权制度层面的顶层设计,使基本性问题的解决成为可能。① 在前期的改革试点中,由于各方对宅基地所有权、资格权、使用权的权利性质和边界认识不一致,很多试点地区将宅基地制度的基本性问题搁置一旁,先着力推动解决延伸性问题。地方政府仍然依赖谈判博弈的老方法来推动工作,有些地方甚至出现了农民进城后宅基地被强制收回等侵害农民利益的情况。农户作为权利主体和改革主体的地位并未被重视和唤醒,宅基地改革也并未发挥其应有的巨大的潜在效益。在此情况下,2019年中央1号文件再次强调坚持保障农民土地权益,并要求"稳慎推进农村宅基地制度改革,拓展改革试点,丰富试点内容,完善制度设计"。② 2020年中央1号文件进一步明确提出,"以探索宅基地所有权、资格权、使用权'三权分置'为重点,进一步深化农村宅基地制度改革试点"③。

2020年6月,中央全面深化改革委员会审议通过了《深化农村宅基地制度改革试点方案》,在总结此前改革经验的基础上,对全面深化宅基地制度改革作出新一轮部署,要求守住农村土地集体所有、耕地红线不突破、农民利益不受损的底线,积极探索落实宅基地集体所有权、保障宅基地农户资格权和农民房屋财产权、适度放活宅基地和农民房屋使用权的具体路径和办法。该方案同时

---

① 孙彦:《宅基地"三权分置"的产权性质与改革实施路径解析》,《制度经济学研究》2021年第2期。

② 《中共中央 国务院关于坚持农业农村优先发展做好"三农"工作的若干意见》(2019年2月19日),中华人民共和国农业农村部网站,http://www.moa.gov.cn/ztzl/jj2019zyyhwj/2019zyyhwj/201902/t20190220_6172154.htm,最后浏览日期:2022年5月13日。

③ 《中共中央 国务院关于抓好"三农"领域重点工作 确保如期实现全面小康的意见》(2020年2月5日),中华人民共和国农业农村部网站,http://www.moa.gov.cn/ztzl/jj2020zyyhwj/2020zyyhwj/202002/t20200205_6336614.htm,最后浏览日期:2022年5月13日。

要求坚持稳慎推进改革,由点及面开展,循序渐进,不能操之过急。此外,该方案要求坚持因地制宜,根据不同地区的不同实际进行分类施策,不搞一刀切,并指出了三方面关键着力点:一是以宅基地"退出权"改革作为新一轮改革破题的重要突破口;二是探索打通宅基地与集体经营性建设用地,明确农村宅基地与集体经营性建设用地之间的划分标准和变更程序,增强改革的系统性、整体性与协同性;三是探索闲置宅基地和闲置农房盘活利用的多种模式,赋予地方一定的改革自主权,鼓励各地在利用主体、利用机制方面大胆探索,支持各地根据自身的区位特征、资源禀赋、产业基础等条件,选择适合本地实际的利用模式,并给全局性改革提供有益经验。

2020年9月,农业农村部组织开展新一轮农村宅基地制度改革试点,在全国确定了104个县(市、区)和3个地级市作为第二批国家农村宅基地制度改革试点。上海有两个区入选此轮试点,分别是松江区和奉贤区。

二、奉贤"三块地"改革的基础条件与举措成效

没有农业农村现代化,就没有整个国家的现代化。我国发展最大的不平衡是城乡发展不平衡,最大的不充分是农村发展不充分,上海也是如此。对上海城乡发展不平衡问题,习近平总书记也给予高度关注,在上海工作期间就指出:"破除二元结构,就是要把农村抓好,新农村建设这个战略任务,一定要在上海得到体现,不能说我们是国际化大都市,就轻农,就忽视农业,忽视'三农'。"[1]上海有

---

[1] 中央农村工作领导小组办公室、上海市委农村工作办公室:《习近平总书记在上海工作期间对推动"三农"发展的思考与实践》,《人民日报》,2018年9月28日,第1版。

71万户农户,有1 900多平方千米农地,4 100多平方千米郊野。虽然农民不多,农业占比不高,但农地不少,郊区农村所占空间很大,再加上上海级差地租高,与农民身份、农地、房屋、集体产权等相关的潜在利益大,在全国具有改革风向标作用。"三块地"改革是上海乡村振兴的关键难题。奉贤区地处上海南部,区域面积733.8平方千米,共有175个行政村,农村地区占比约72%。为了谋划好国际大都市背景下的乡村振兴,奉贤紧扣自身特点,不断进行制度创新探索,盘活闲置的农村宅基地资源,并依托大都市的要素资源优势,承接城市溢出、服务城市发展,不断探索符合超大城市乡村特点的城郊融合型乡村振兴新路径。

(一)大都市背景下乡村振兴的资源禀赋条件约束

大都市背景下的乡村具有其特殊的资源禀赋条件约束,主要存在五方面显著特点。

一是农业和农村地位较低,农业在全市地区生产总值中的比重只有0.3%,传统农业经营对农民增收的促进作用微乎其微。

二是位于大都市近郊,交通基础设施条件较好,易受城市辐射影响,能够获得城市溢出带来的发展机遇,可以快速感知市场需求的变化,也可以有更多机会导入优质要素,较易对接城市消费市场需求进行产业多元化发展,但城市对外围乡村要素资源的虹吸效应也较为显著。

三是土地增值空间较大,村民对土地资产升值的期望较高。近郊乡村的用地方式多样,农业用地、小型工业用地、仓储用地、服务业用地等多种用地方式并存,由于缺乏规范引导,往往各种类型用地零星交错,用地效率相对较低。随着城市边界的快速拓展,土地增值潜力大,村民的期望值普遍较高。

四是外来人口较多,管理难度相应增加。受城市发展的虹吸影响,城郊乡村的原住民会选择逐步移居城市,村内呈现空心化和老龄化。与此同时,近郊乡村由于其低廉的生活成本,往往会成为外来人口进入城市的跳板,村内外来人口占比较高,人口结构复杂、流动性较强,管理难度较高。

五是集体经济长期被弱化,发展门槛却又不断攀升。在大都市高质量发展的背景下,近年来受土地减量化、产业结构调整、"五违四必"环境整治等影响,低效企业逐渐被淘汰,集体经济因收入减少而不断被弱化。同时,大都市城郊乡村的产业转型升级和多元化发展的内在要求却不断提升,引进项目的体量不断增大、技术含量不断增强,导致发展门槛不断攀升。

综合以上特点,再加上大都市乡村农民相对较高的福利保障、发展的内生动力不足,大都市周边的乡村反而遭遇了欠发展又难发展的困境。

(二) 破除大都市乡村发展困境的思路原则

大都市的乡村振兴并不能孤立地仅从乡村本身谈振兴,超大规模的城市发展既是造成大都市乡村"三农"问题的主要原因,也是解决大都市乡村"三农"问题的有效钥匙。

首先,要站在全局和战略高度来谋划和推进。上海的农业比重虽然低,但"三农"工作的重要性并不低,农业、农村的功能和作用不容小觑,郊区在地区农产品供给、生态涵养和乡土农耕文化传承等方面的作用不可替代。在上海未来发展格局中,乡村会越来越多地承载上海城市核心功能,越来越成为提升上海城市能级和核心竞争力的战略空间,越来越成为上海国际大都市的生态屏障,越来越成为传承弘扬江南文化的关键载体。因此,贯彻实施乡村振兴战略要在城市发展战略、产业定位中找准结合点、突破口。奉贤通过"三块地"改革,以公园、庄园和农民庭院等"三园"为载体吸引中小企业总部入驻,形成了"三园一总部"模式,做出了较为有效的实践探索。

其次,要坚持以农民的根本利益为出发点,坚持改革创新、问题导向,解决农民反映最多、最关切的问题。大都市乡村的"三农"问题有其特殊性,且各区和乡镇的情况差别较大,农民诉求也多元多样、摇摆不定,不可能一蹴而就,不能寄希望用一个办法、一个模式解决所有问题。要实行分类指导、因区施策、多模式并举,把普遍要求与本地实际情况相结合,创新探索有效破解难题的路径和办法,还应注重发挥农民的积极性和主体作用,要以农民自愿为前提,政府不能用自己的主观愿望代替农民做出选择。

最后,要坚持稳中求进。习近平总书记在2018年底中央农村工作会议上特别指出,"经济形势越复杂,越要稳住'三农'","做好'三农'工作对有效应对各种风险挑战、确保经济持续健康发展和社会大局稳定有重大意义"[①]。总书记在十九届中央政治局第八次集体学习时的讲话中强调,"实施乡村振兴战略是一项长期而艰巨的任务……把可能出现的各种问题想在前面,切忌贪大求快、刮风搞运动,防止走弯路、翻烧饼"[②]。上海作为全国改革的风向标,一旦政策调整必将牵一发而动全身,各项改革措施应慎之又慎。

(三) 大都市乡村产业融合发展的方向路径

产业兴旺是乡村振兴的重点,也是基础所在。大都市背景下

---

① 董峻、于文静:《中央农村工作会议在京召开 习近平对做好"三农"工作作出重要指示》(2018年12月28日),中华人民共和国农业农村部网站,http://www.moa.gov.cn/ztzl/2018zyncgzhy/zxdt/201812/t20181229_6165868.htm,最后浏览日期:2022年3月21日。

② 习近平:《把乡村振兴战略作为新时代"三农"工作总抓手》,《求是》2019年第11期。

的乡村振兴,其产业发展的主要目标之一,就是要形成一个能加入市场经济循环的产业组织形式,使之具有一定的比较优势,能够参与市场竞争并具备"造血"能力。城郊乡村的资源禀赋构成相对复杂,具有交通区位的比较优势,因而其产业融合发展方式趋向于多元化。

根据乡村振兴战略规划,城郊融合类乡村的产业发展有三个主要方向:服务城市发展、承接城市功能外溢和满足城市消费需求。与服务城市发展相关的产业,可以利用乡村空间分担城市在民生和公用事业方面的压力,例如郊区乡村养老和湿垃圾资源回收利用等;与承接城市功能外溢相关的产业,可以发挥乡村比较优势吸引城市中对于交通区位不敏感的企业入驻办公,例如文创研发设计类和公司总部类等;与满足城市消费需求相关的产业,可以发挥乡村的生态优势,满足城市居民高品质消费需求,例如休闲旅游、有机食品、教育体验等。这些产业发展方向主要涉及生活服务、生产服务、旅游服务等第三产业服务业,主要面对的服务对象包括社区、企业、居民等。

城郊乡村在提供这些服务时,可从三方面获取收益:一是产业转型升级的超额收益,将原本用于第一产业的土地、资金、劳动力等生产要素投入第三产业,获取产业投资回报差异带来的收益增长;二是发展强度增加的升值收益,随着城市优质要素在乡村的汇聚,乡村的发展强度增加,集体和村民的资产都将因此升值;三是生态资源资本化收益,在一些优质项目入驻时,集体和村民合作社可以用资源和资产入股合作参与,使原先无形的生态环境资源资本化,通过项目发展的高成长性而获得回报。这些收益也将支持乡村的生态环境保护投入,从而形成绿色发展的良性循环。

(四) 上海市促进农民集中居住工作情况

上海农村宅基地的供需矛盾较为突出:一方面,宅基地存量较大,2016年底宅基地面积总量为514平方千米,约占全市建设用地的45%;另一方面,仍有20多万户等待分配宅基地,新增宅基地需求总量约44平方千米,约为全市建设用地每年净增量的9倍。[①] 且上海农村宅基地的居住保障属性早已弱化,绝大部分年轻人和小孩都在城镇地区买房并居住,农民对宅基地建房的主要需求已从解决居住问题转化为实现财产价值。根据2017年颁布的《上海城市总体规划(2017—2035)》,在控制建设用地指标总量的大背景下,全市自然村要减量70%,农村宅基地面积要减量63%。在此情况下,促进农民集中居住就成为解决农民建房需求和建设用地减量之间矛盾的主要途径。

上海的农民集中居住工作开展始于2004年的"三个集中",即"人口向城镇集中、产业向园区集中、土地向规模经营集中"。其中,"人口向城镇集中"是指引导农民居住向城市城镇集中,以农村中小城市城镇为农民居住和农村剩余劳动力转移的主要载体,并规划布局了"卫星城市—中心城镇—集镇—农民居住小区"的多层次的上海农村城市化体系,计划将郊区50%左右的人口集中到各郊县的卫星城市。2016年,在前期多种模式的农民集中居住试点的基础上,上海发布了《关于促进本市农民向城镇集中居住的若干意见》(沪府〔2016〕39号),面向全市布置了促进农民集中居住的工作,主要通过向城镇集中居住和异地集中建房这两种方式解决农民建房需求。"向城镇集中居住"是指在新城、镇区的集中建设区

---

① 上海市发展和改革委员会乡村振兴规划工作专谈:"本市农民集中居住调研专题研究",2017年8月。

内选址建设具有产权的农民安置房,通过增减挂钩的方式解决农民上楼安置和宅基地置换问题。"异地集中建房"是指选择区位条件好的镇村布局集中安置点,引导本镇各村农民在该地块内集中建设农宅。

在实际推进过程中,这种集中工作主要遇到了三方面难题。一是农民建房资格权标准不明确。依据 2007 年颁布的上海市人民政府令第 71 号《上海市农村村民住房建设管理办法》的规定,农民建房的对象为"本市户籍的农村集体经济组织成员"。但从实际情况来看,满足"本市户籍+集体经济组织成员"口径的人员基数过大,其中大量人群已经脱离农村生产生活成为城市居民,享受城市生活保障。另外,还有约 15 万"小居民"和 30 万非农人口[①]等宅基地资格权存在较大争议的人群。二是向城镇集中居住难以实现资金平衡。户均安置成本普遍在 200 万—300 万元,主要依靠土地出让金返还和市、区两级财政补贴,资金压力较大,财力较弱的郊区难以承受。三是异地集中建房遭遇土地权属问题。异地集中建房需要跨村跨组用地,由此会产生土地权属不明晰、不动产无法登记等一系列后续问题。

2019 年,在实施乡村振兴战略和推进"三块地"改革的背景下,上海对农民集中居住工作做了调整,开始推进农民相对集中居住工作,进一步明确了进城镇集中和农村平移集中两种方式。"进城镇集中"是通过"以房换房"的形式,以商品房换农宅,由此置换其宅基地权益,是建立在农民自愿和契约基础上的农民集中居住。

---

① "小居民"是指父母其中一方是农业户口的 2001 年以后出生非农业户口子女,非农人口是指因上海市历史户籍政策或各区"土地换镇保"已落实社会保障但实际仍居住于宅基地房屋中的人口,这两类人均是由于政策原因而非个人主观意愿导致未获得或者失去农业户口,因此在宅基地资格权的界定上存在争议。

"农村平移集中"是在规划确定的农民集中点实施农村村民建房,通过规划管控和公共基础设施建设,使资源配置更加集约,节地率要求在25%以上,并坚持以"一户一宅、节约集约利用"为原则,针对前期集中居住工作的标准不明确问题,做了更为严格和清晰的界定,包括宅基地资格权主体要求为"农业户籍+农村集体经济组织成员",从严并从紧控制宅基地用地面积和建筑面积标准。同时通过多元化安置方式减少农户安置面积量:对于进城集中居住,在保证自住需求的基础上,安置面积差额部分结合产业用房、股权安置、养老安置以及货币补偿等多元化方式保障农村村民宅基地财产权益,鼓励采用货币补偿方式,引导农民自愿退出宅基地。

(五)奉贤区促进农民集中居住工作情况

从2001年开始,由于经济社会发展需要,奉贤区就结合城镇化建设工作推进农民集中居住试点——包括宅基地归并和宅基地置换等方面,做了卓有成效的尝试。由于各试点时期所处的政策背景、经济社会发展条件不同,其相应的具体实施路径也有差异。

2001年,南桥镇杨王村率先尝试农民住宅归并,由村集体出资,将村内约80%的农民住宅逐步拆旧建新、移至新规划地,并在节余出的建设用地上开发建设产业园区,实现了村集体经济组织的发展壮大,村民也因此受益。但随着之后集体建设用地管控政策的收紧,该种方式也难以被复制推广。2004年,奉贤区组织实施宅基地置换,用节余建设用地指标挂牌出让的收益来平衡建设资金,分别在庄行镇新华村和青村镇北唐村进行了试点,参与置换的农民同时可以"以土地换取镇保"。2010年,庄行镇新叶村开始实施以土地综合整治为内容的宅基地归并工作,通过将农村分散居住的房屋以拆旧建新的方式统一建造到新的规划点,通过复垦整理土地,对农民土地进行统一流转,实现"四个转变"①和"三个不变"②。农民以土地承包经营权入股,组建农业资源经营专业合作社,实现了农业生产规模化,提高农业生产的效益;农民通过土地流转,不仅可以拥有一份长期稳定的土地流转收益,而且还可以外出务工或投身其他经营活动,增加工资性收入。早期的集中居住试点在实践中也存在一些难题,例如:置换农民虽因置换获得镇保,农户有一定的保障,但养老、就业、医疗等社会保障问题依然难解决;置换农民得到的安置房是"限制产权房",并且在置换过程中因为农户意愿变更还产生了大量的空置房需要处置;农户转为城镇居民后,相关集体经济组织成员的身份该如何认定。这些问题还有待后续更为明确的政策工具去破解。

自2016年开始,在上海市的统一布置安排下,奉贤区开始了新一轮的推进农民集中居住工作。主要聚焦在"三高"沿线(高铁、高速、高架路沿线)、生态敏感地区、环境整治地区以及纯农地区10户以下自然村等农民置换安居意愿较高的区域。农民集中居住社区位于镇区等城镇化地区,用地为镇区国有建设用地,安置房型要求节地比例达到50%。根据《关于促进本市农民向城镇集中居住的若干意见》(沪府〔2016〕39号),对农民宅基地及其房屋置换标准进行了统一:按照农民原房屋的市场评估价和新建房屋的建设成本实行等价交换;或在市政府规定的农民建房标准范围内,对新、旧房屋建筑面积进行等量置换,使农民不出钱或少出钱;自愿放弃宅基地置换安置房的,可按照置换住房的价格予以补偿。农民集中居住工作在具体推进过程中,采用了组建项目区的方式,

---

① "四个转变"是指:农民生活方式转变,农业生产方式转变,资源经营模式转变,农民分配方式转变。
② "三个不变"是指:农民身份不变,土地承包权不变,房屋性质不变。

将专项规划中确定的增减挂钩区域捆绑作为项目区,包括拆旧区、建新区和出让地块。① 碰到的瓶颈主要在于农民集中居住项目的用地需求和资金需求的保障上。在用地需求保障方面,囿于土地指标的限制,实施集中居住对建新地块的土地指标需求难以得到满足,基层通过安置方式多元化,给予货币安置和股权安置等选择方式,降低置换产权房需求,还通过调高安置地块容积率,增加建新地块安置房源供应,来缓解土地指标供需矛盾,但随着集中居住工作的推进,对建新地块的土地指标、安置房源的需求进一步加大,供需矛盾进一步突出。在资金需求保障方面,捆绑土地出让收入是农民集中居住项目资金收入的重要渠道,但出让价存在不确定性,此外节余土地指标的区内统筹出让收入也有部分返还用于项目资金,返还比例并不确定,因此项目资金平衡仍存在较大的不确定性。

(六) 奉贤区"三块地"资本化和集约化的探索举措

为用好稀缺的土地资源,贯彻实施乡村振兴战略,奉贤在承包地、集体经营性建设用地、宅基地等"三块地"的资本化和集约化方面,做了较为积极的探索。

首先,在承包地方面做了如下探索。

第一,通过确权登记稳定农民土地承包权。作为农业农村部全国农村土地承包经营权确权登记颁证试点工作试点单位之一,奉贤区从2011年开始稳步推进农村土地承包经营权确权登记颁证工作,涉及131村、1 942个村民小组、6.84万户农户,权证到户率为100%,确权登记率为99.7%。农村土地承包经营权确权登

---

① 拆旧区即需要拆除的农村集体建设用地区,以农村宅基地为主;建新区为安置地块,用于置换居民的安置房建设;出让地块所获收益则用于项目区内的资金平衡。

记颁证为土地承包经营权依法有序流转奠定了制度基础。2020年,奉贤区农村经营管理站被授予"全国农村承包地确权登记颁证工作先进集体"称号,是上海市唯一获得此项殊荣的单位。

第二,通过政策引导规范农村土地经营权有序流转。2016年出台《关于奉贤区引导农村土地经营权有序流转发展农业规模适度经营的实施意见》,明确为农户自愿委托流转的,每亩奖励200元;对退休老年农民给予每人每年1 200元的土地流转奖补。当前,全区土地流转率已超过90%,实现了土地资源的优化配置和土地经营产业化、规模化,有力地培育、扶持了一大批规模经营的家庭农场、农民专业合作社和农业龙头企业。

第三,通过地权入股增加农民财产性收入。针对传统农业生产方式缺乏规模经营、生产效率较低的问题,奉贤区于2018年研究制定了《关于农村土地股份制改的实施意见(试行)》,引导农民承包地长期、规模流转,促进农业增效、农民增收。庄行镇新叶村农户以土地承包经营权作价折股,村集体以镇保回收地、机动地、固定资产、基础设施等资产作价折股。土地股份合作社负责统一经营,实行保底分红(以原土地流转费每年每亩约1 250元+50%经营利润分红),或者是按经营利润进行分红两种方式,让农户在土地流转费收益的基础上增加股金分红,增加了农民的财产性收入。

其次,在集体经营性建设用地方面做了如下有效尝试。

第一,推进集体经营性建设用地规模化集中、公司化运作。村级集体经营性建设用地往往呈现分散、零碎的特点,土地利用效率低下,无法满足一二三产业融合发展需求,限制了新产业、新业态、新模式的发展。奉贤区在农村集体产权制度改革的基础上筹建集体控股企业,选择集体经营性建设用地相对集中区域,由村委会进行土地收储,交由集体控股企业进行投资建设和开发运营,或者用集体经营性建设用地经营权入股合作,引入社会工商资本参与,并积极对接市场优质资源,实现集体经营性建设用地的腾笼换鸟、二次开发。

第二,筹备集体经营性建设用地入市。参照国有建设用地,完成了集体建设用地基准地价制定。编制了集体经营性建设用地入市工作计划,以及起草了入市工作实施方案。

第三,探索将宅基地转换为建设用地的具体操作路径。通过郊野单元规划修编,把退出宅基地转为其他类建设用地,支持农业产业发展。此外还探索将农民退出的宅基地按照国土空间规划确定的经营性用途并依法登记后入市,以保障乡村产业发展用地需求。

最后,在宅基地方面做出一些有益探索。

奉贤农村宅基地空置现象严重,75%左右的农村宅基地居住的是老年人和外来人口。为了盘活闲置宅基地资源,奉贤区继续推进农民集中居住,在尊重农民意愿的前提下,探索宅基地置换归并的有效实现形式,同时探索宅基地使用权流转的多种模式,显化宅基地的资产性价值。以奉贤区南桥镇六墩村为例,该村以村委会为主体,探索宅基地使用权流转的新模式。其采取的方法是以租赁的形式将宅基地使用权流转到村,由镇经营公司帮助村招商,引进企业总部。以每户200平方米的宅基为例,租期10年进行计算,总成本约120万元,产生的地方税收约300万元,通过争取区、镇税收政策支持,村级经济将增加可支配收入180万元,村民将获得稳定收入90万元以上。

奉贤区在"三块地"资本化和集约化的改革探索中,也遭遇到了基础条件和法律法规的制约,因而存在一些需要突破的瓶颈问题。

第一，集体经营性建设用地入市仍存在较大障碍。虽然中央政策要求集体经营性建设用地与国有建设用地"同地、同权、同价"，建立集体经营性建设用地交易土地增值收益与国有建设用地使用权交易价格、土地征收补偿的均衡机制。但上海农业要素交易平台的土地要素流转交易活跃度并不高，难以形成有效的价格机制，而且土地流转公开交易市场和集体资产公开交易市场建设滞后，集体经营性建设用地流转仍以行政手段为主，难以通过公开市场实现农村集体资产的资本化和集约化。

第二，集体经营性建设用地权属不清也是"三块地"资本化和集约化改革中遇到的主要瓶颈。集体土地产权主体包含乡镇集体经济组织、村集体经济组织、村内农民小组集体经济组织等三级集体经济组织，权利主体并未界定清晰。在奉贤通过推进"三园一总部"放活宅基地使用权的早期探索中，也遭遇到难以合法化的困境：其一宅基地仅有居住属性，流转后不能改变房屋用途，难以用于企业的注册登记和办公经营；其二，宅基地使用权的产权权能并不完整，企业的投资得不到法律的保障，因此难以获得资本市场的认可。这些困境使企业在选择入驻宅基地办公时更为慎重，导致招商难度加大。

三、奉贤区深化宅基地改革试点探索情况

宅基地制度改革试点是推进农村供给侧结构性改革、优化土地要素市场化配置的重要探索，对于补齐农村土地制度短板、健全乡村振兴政策体系具有重要意义。随着我国城镇化的快速推进和城乡两极分化的日益加深，农村空心化、老龄化现象逐渐凸显，宅基地管理中出现了利用粗放、退出不畅、权能不足等问题。一方

面,发展亟须新的空间;另一方面,村集体建设用地遭遇"天花板",闲置宅基地无法得到有效利用。开展宅基地政策改革试点,有助于解决宅基地闲置浪费、土地利用效率低等问题,有助于实现农民财产权益,加快推动城乡融合发展。

(一) 奉贤区农村宅基地基本情况

奉贤区共有行政村175个,农村地区面积527.75平方千米,占全区行政区划总面积的72%。从奉贤区的宅基地使用和农民建房情况来看,主要呈现以下特点。

一是自然村呈现"散、多、小"的格局,带来了许多公共基础设施的盲点。由于20世纪80年代的村庄缺乏科学合理的规划,村民建房无序,使得宅基地集约程度不高。全区有自然村5 207个,其中有10幢居民房屋及以下的自然村有2 741个,占52.6%。自然村的零星分布,造成了很多基础设施建设的难度加大,2017年10.39万户的农村居民中仅有3.7万户居民的生活污水实现纳管或者集中处理,生活污水集中处理形势严峻。天然气管道设施管道更是覆盖不到偏远的村落。

二是宅基地空置严重,造成土地资源的浪费。由于社会的发展越来越迅速,城镇化进程的不断加快,农村居民大量向小城镇和中心城区涌入,在城区买房工作生活,致使农村很多宅基地出现闲置的情况,有的虽然没有空置,也只有少数老人居住,造成严重的宅基地资源浪费,制约上海的城乡整体发展。奉贤区共有农村户籍常住户数10.39万户,目前常住户均人口仅2.2人/户,相当于大部分家庭只有两位老人独自居住在农村。2017年农村常住人口55.72万人,其中外来常住人口32.65万人,占58.6%。

三是住房建筑质量较差。农村住房是美丽乡村建设的重要组成部分,是农民安居乐业的基础条件,农民的住房质量影响农民的居住条件和生活状况,也是推进农村宅基地建设各项改革的重要考量。但第三次农业普查数据显示,2016年奉贤区农户住房大多都是20世纪80年代建造,93.4%为砖混结构,钢筋混凝土结构的仅占6.1%。

(二) 奉贤区宅基地前期改革经验

奉贤区对于宅基地改革的探索始于21世纪初,一方面是农民希望改善自身生产生活条件的内在驱动,另一方面是区政府为了适应经济社会的发展变化,更加重视土地综合利用的理念。奉贤区在宅基地改革的早期探索和做法主要有以下两方面。一是宅基地归并。宅基地归并的做法是对村民原农民住宅统一拆除后进行集中建造,村民的农民身份不变,宅基地证不变。集中建造的新房按照商品房的标准收取配套物业费。奉贤区比较典型的是南桥镇杨王村和庄行镇新叶村。杨王村是以集体经济主导的宅基地归并类型,建设资金的来源由村财力投入一部分,农民自付一部分,其余则是由节余的建设用地建房、出售给在杨王经济园区企业主的收益。新叶村是土地综合整治形成的宅基地归并类型。二是宅基地置换。宅基地置换的方法是村民放弃宅基地的使用权,和产权房进行建筑面积的置换。一种是上海市首批宅基地置换的试点基地模式,庄行镇新华村和青村镇北唐村由区、镇自筹,依赖于宅基地置换后,以节余的建设用地指标拍卖所得,平衡部分建设资金。另一种是近年来,部分乡镇农村宅基地受"三线"问题(高压走廊、铁路和高速公路)影响实施的宅基地置换,四团镇"三线"区域和南桥镇吴塘村等地,通过拆旧区增减挂钩、集中安置等方式,同时统筹研究零星宅基地腾挪归并工作,布局农民集中居住点和安置房空间,镇域内筹建宅基地置换基地。

宅基地归并和置换虽然在驱动力和方式上有所区别,但是取得了两个共同的成效：一是农村面貌发生了根本性的改变，农民居住条件的大幅改善，住进了环境优美、配套齐全、公共服务到位，安全保障的新型社区，满足了农民求知、求乐、求健康的各种需求；二是盘活了存量土地，不管是用于建设用地，还是复垦，都提高了土地集约利用程度，拓展了经济发展空间，实现了土地、生态效益的帕累托改进。

宅基地归并集中后存在的问题主要有三：一是在村民建房的土地使用及手续上与现行土地政策与管理制度有矛盾；二是节余的建设用地建房后对外出售形成小产权房也不符合国家有关政策规定；三是在农民建房的资金支出上，由于农户数量多，总规模量大，村级经济的可持续发展难以保证。宅基地置换存在的主要问题也非常棘手。一是政策变动导致优惠政策兑现困难。2006年12月，国务院办公厅发布《关于规范国有土地使用权出让收支管理的通知》后，市、区两级土地出让不再享受收益减免的政策优惠，而这部分土地收益正是宅基地置换试点中资金平衡和房产证办理的关键。二是资金平衡压力大，难以全面推广。庄行镇和青村镇两个镇的置换资金依赖于宅基地置换后集约土地指标拍卖所得收入来平衡。但如果两块被置换的土地无法出手，资金平衡缺口就会很大。三是房产证颁发受阻，农民财产性收入无法保证。由于市、区两级土地出让收益返还的政策一时难以实施，房产证迟迟不能办理。

近年来，奉贤区紧紧围绕乡村振兴总体要求，积极探索宅基地改革和管理工作，在充分尊重农民意愿、切实保障农民合法权益的基础上，明确改革路径，注重顶层设计，加强政策引领，在宅基地盘活利用、推进农民相对集中居住等方面做出了如下有效探索。

(1) 加强顶层设计，明确改革路径，创造性地提出了宅基地

"政策超市",初步探索宅基地权益货币化、资产化和股权化,为解决农民相对集中居住过程中保障置换房源和缓解货币补偿资金压力提供了有效路径。

(2)创新盘活形式,实现功能转变。鼓励、指导各街镇因地制宜盘活宅基地资源,加强统筹使用,在创意产业、总部办公、人才公寓等方面进行了颇有成效的创新探索,以工补农、以城带乡,城乡互补、协调发展,推动宅基地单一功能向多维经济功能转变,使盘活存量宅基地及其房屋成为实施乡村振兴战略的重要切入点,让农村成为"都市里的乡村、乡村里的都市"。如南桥镇将推进乡村振兴与优化营商环境有机结合,积极发挥毗邻工业园区优势,在充分尊重农民意愿的前提下,将闲置农民宅基房进行整体升级改造,同时完善周边配套设施,增加相应物业服务,便利就学就医、居住证办理等服务,打造"乡村版"人才公寓,满足附近园区企业高级管理人员及蓝领的生活需求。

(3)激发资源活力,实现农民增收。用好"政策超市",把农村碎片化资源集成为优质资源,发挥集聚、整体效应,为村集体和农民增收创收开辟新路径,让农村资源真正变成"金饭碗",村民财产性收入增幅明显。

以上做法得到了中央农办、农业农村部的充分肯定,为进一步深化宅基地改革、完善宅基地制度设计奠定良好基础。2020年,奉贤区被列为全国第二批农村宅基地改革试点区。奉贤区在前期促进农民集中居住和"三块地"改革的基础上,进一步结合大都市乡村资源禀赋特点,探索宅基地"三权分置"、盘活农村闲置宅基地资源的有效路径。

(三)奉贤区深化宅基地制度改革

奉贤区在既有经验的基础上,对宅基地制度进行了如下深化改革。

（1）在落实宅基地集体所有权方面，重视宅基地集体所有权确权和规范宅基地权利行为。

首先是明确权利主体。奉贤区在清产核资的基础上，结合农村集体土地确权登记颁证，明晰宅基地所有权依法由农村集体经济组织代表集体行使。

其次是规范权利行为。奉贤区下发了《关于将农民建房资格认定等相关内容纳入村级民主决策事项的通知》，将农民建房资格认定、分户建房申请、宅基地流转和退出等相关内容纳入民主决策程序，进一步健全了宅基地集体所有权行使机制。由于宅基地上的"三权"是处于同一个宅基地载体上，需要清晰界定"三权"边界，才能有效落实。奉贤区研究出台了《奉贤区农村宅基地管理签约制度》《农村宅基地使用承诺书》等文件和《奉贤区农村宅基地使用协议》（简称《使用协议》）、《奉贤区农村宅基地及房屋使用权流转合同示范文本》（简称《合同示范文本》）等规范性文本，通过建立起覆盖宅基地的获取、使用、流转等全过程的规范合同体系，来规范宅基地"三权"各权利方的行为，从而界定"三权"边界，建立了规范高效的宅基地"三权"行使机制，也建立起了落实宅基地所有权的制度基础。根据《使用协议》和《合同示范文本》，宅基地所有权由村集体经济组织依法行使民主管理，集体经济组织作为集体所有权代理人的身份得以确定。集体经济组织拥有如下权利：在宅基地的获取上审定村民建房申请；在宅基地的使用上监督履行村规民约，防范使用者侵犯村集体公共利益；在使用权的流转上负责作为媒介和公正第三方。但协议文本并未约定宅基地的退出方式和退出标准、有偿使用机制和标准，因此其对于集体所有权的落实还是不完整的，下一步还需继续探索宅基地的部分退出与永久退出机制,研究制定不同退出方式的退出标准,同时还需对超标占用宅基地、继承占用宅基地等问题,研究标准化的有偿使用机制,以进一步显化宅基地所有权价值。

(2)在保障农户资格权方面,奉贤区在农户资格权的获得、行权和退出的全过程建立了保障机制。农户资格权源自农户的集体成员权,将其从宅基地使用权中分离出来,既是为了宅基地使用权的去身份化,以促进宅基地使用权流转,也是为了能更清晰地界定和更好地保障农户权益。

首先,在资格权的获取方面,明确宅基地资格权的认定办法。奉贤区在做好农村集体经济组织成员身份确认工作的基础上,明确细化宅基地资格认定条件和相关标准,研究出台《奉贤区农村宅基地资格权认定暂行办法》,指导农村集体经济组织开展宅基地资格权人认定和登记工作,建立登记台账。

其次,在资格权的行权方面,完善宅基地分配制度,制定村民建房管理办法,明确细化以农户为单位分配取得宅基地的具体条件和面积标准,完善"一户一宅、限定面积"的分配宅基地建房方式。对于可供分配的宅基地不足以满足资格权行权需求的地区,积极探索"一证多宅"等多种解决方式,以满足农户分户行权的实际需求,例如庄行镇新叶村、芦泾村试点的六层叠拼,实现一块宅基地上解决3户农民的居住问题,这既满足资格权行权需求,也大大减少了土地资源的占用。目前相关部门正在研究解决不动产登记及后续利益处置等相关问题,以切实保障农户权益。

最后,在资格权的退出方面,完善"户有所居"多种保障机制。探索不同区域农民的多种保障方式,在充分尊重农民意愿和保障农民合法权益的基础上,鼓励引导农民通过进城镇集中、宅基地归并、宅基地有偿退出等方式实现户有所居,使农民进城镇集中居住成为主流。奉贤区结合促进农民集中居住工作经验,创新探索将宅基地置换过程中的"政策超市"做法用于资格权退出,使农民可以结合自身实际需求,在多种选择中实现资格权权益价值最大化。在具体工作推行中,也兼顾加强规划管控和用地指标保障,将农户资格权和农宅财产权的保障纳入村庄规划的背景之下布局,合理控制宅基地规模,科学安排宅基地布局,探索建立规划动态调整和"留白"机制,严格按照经批准的村庄规划进行建设。

(3)在放活宅基地和农民房屋使用权方面,创新探索并规范发展多元化的宅基地流转使用方式。

一是规范流转行为。根据村庄布点规划,属于保护村和保留村的,按照自愿有偿原则,引导农民逐步规范宅基地使用权流转行为。由农户委托村集体经济组织统一流转,签订规范的流转合同,约定相关流转内容,限定流转范围、期限和用途,明确宅基地使用权流转各方享有的具体权利。合同期限不超过 20 年。

二是创新流转方式。在落实宅基地集体所有权和保障宅基地农户资格权基础上,探索宅基地使用权流转的制度安排和具体路径。探索农村集体经济组织及其成员通过自营、出租、入股、合作等多种方式,依法依规盘活农村闲置宅基地和闲置住宅。奉贤区创新探索了"三园一总部""人才公寓""民宿经济"等开发模式,推动城市工商资本助力乡村产业发展,着力于土地改革,打造了多主体参与、多业态发展、多要素集聚、多利益共享的个性化乡村振兴发展新样式。

第五章
"三园一总部":作为产业载体的乡村

第五章 "三园一总部":作为产业载体的乡村

党的十九大提出乡村振兴战略,党的十九届五中全会作出优先发展农业农村、全面推进乡村振兴战略的重大决策部署,具有鲜明的时代特征和重大实践意义。习近平总书记指出,"要把乡村振兴战略这篇大文章做好,必须走城乡融合发展之路。要健全多元投入保障机制,增加对农业农村基础设施互通互联,推动人才、土地、资本等要素在城乡间双向流动"①。《上海市乡村振兴"十四五"规划》指出,"上海乡村具有城郊融合型特点,在形态上要保留乡村风貌,在治理上要体现城市精细化管理水平,在发展方向上要强化服务城市发展、承接城市功能外溢,凸显乡村地区的经济价值、生态价值和美学价值"②。在城市建设用地越来越稀缺、城市产业扩张遇到瓶颈、传统农村经济发展模式走到尽头的情况下,对乡村的闲置资源进行开发利用、走城乡融合发展之路,显得尤为迫切。为此,奉贤区通过宅基地改革,利用空置宅基地和集体建设用地,引进符合规划要求的优质企业入驻,形成"一庭院一总部""一庄园一总部""一公园一总部"的发展模式,统称"三园一总部"。

---

① 习近平总书记 2018 年 9 月 21 日在十九届中央政治局第八次集体学习时的讲话。习近平:《把乡村振兴战略作为新时代"三农"工作总抓手》,《求是》2019 年第 11 期。
② 《上海市乡村振兴"十四五"规划》(沪府发〔2021〕9 号),上海市人民政府网站,https://www.shanghai.gov.cn/202117zfwj/20210906/3fde4ffca95546c79f105fe3955bdfb5.html,最后浏览日期:2022 年 3 月 15 日。

一、"三园一总部"的发展逻辑

(一) 奉贤"三园一总部"的理论逻辑

2021年,奉贤区将分散的各个总部串联成片,降低基础设施成本,提高配套质量,旨在将"三园一总部"逐渐升级为乡村生态商务区。"三园一总部"发展具有时代性和地理特征,是新时代城乡融合发展背景下大都市上海乡村振兴的探索,有其内在的理论逻辑。具体而言,奉贤区"三园一总部"的理论逻辑包括如下几个方面内容。

1. 大都市对乡村多元功能的需要

不理解乡村经济社会的多元功能,便无法理解乡村发展的方向,更无法理解乡村振兴战略的深远意义。1973年,英国经济学家舒马赫在其著作《小的是美好的》中提出农业和工业和谐发展理论。该理论指出,农业除了对经济增长有贡献外,还有三个作用:使人与自然界保持联系;使人的居住环境变得"高贵"与人性化;提供正常生活所需的食品与其他材料。[①] 过去,我国主要利用了农业农村的生产功能和居住功能。随着经济进入高质量发展阶段,农业农村的经济功能、生态功能、文化功能开始得到重视。农业关系到人类的健康和发展,关系到城乡融合,关系到社会平等和谐等一系列重大议题。越是处于高度城市化的大都市,对农业农村的经济功能、生态功能、文化功能的需求越旺盛。在上海乡村发展特征上,2021年印发的《上海市乡村振兴"十四五"规划》提出要凸显乡村地区的经济价值、生态价值和美学价值,无疑是具有前瞻性

---

① 参见[英]E.F.舒马赫:《小的是美好的》,李华夏译,译林出版社2007年版。

的,是符合大都市乡村发展趋势的。

2020年,上海市第三产业增加值占上海市生产总值的比重为73.1%,①而全国第三产业增加值比重为54.5%。② 上海市第三产业产值占比高,意味着上海市对服务业需求高,对应的乡村也具有向服务化农业转型的需要。2019年上海市服务业结构中,以分行业规模以上服务业企业营业收入比重为例,占据前几位的分别是交通运输、仓储和邮政业(31.4%),租赁和商务服务业(31.4%),信息传输、软件和信息技术服务业(18.7%),科学研究和技术服务业(9.4%),房地产业(除房地产开发经营外)(3.7%),文化、体育和娱乐业(1.7%)。③ 这一比例预示着上海郊区结合农业服务化趋势,在租赁和商务服务业、科学研究和技术服务业、文化、体育和娱乐业有成本优势,打造总部经济、科技农业、休闲创意农业时具有较强的竞争力。"三园一总部"模式即以总部经济为落脚点,将生态、生产、生活融为一体,满足了城市对农村的多元需求。

2. 乡村承接城市功能的需要

大都市核心区规模大,首位度高,要素集中,但是空间过于紧张,要素成本高昂,交通拥堵,管理压力大。通过交通一体化、公共服务一体化、城乡一体化向乡村疏解核心区部分功能,可以优化城乡空间布局。城乡空间布局的合理首先依赖于产业布局合理,在

---

① 《2020年上海市国民经济和社会发展统计公报》(2021年3月19日),上海市统计局网站,http://tjj.sh.gov.cn/tjgb/20210317/234a1637a3974c3db0cc47a37a3c324f.html,最后浏览日期:2022年3月15日。
② 《中华人民共和国2020年国民经济和社会发展统计公报》(2021年2月28日),国家统计局网站,http://www.stats.gov.cn/tjsj/zxfb/202102/t20210227_1814154.html,最后浏览日期:2022年3月15日。
③ 《2020上海统计年鉴》,上海市统计局网站,http://tjj.sh.gov.cn/tjnj/nj20.htm?d1=2020tjnj/C1504.htm,最后浏览日期:2022年3月15日。

乡村振兴战略20字方针中,产业兴旺居第一位,"三园一总部"为核心城区产业转移搭建了载体。上海乡村之所以能够承接城市的部分功能,主要是因为具备三种优势:市场优势、要素优势和重大战略优势。在市场优势方面,2 400万常住人口和上海吸引的国内外游客,为乡村发展提供了难得的消费机遇。随着消费升级,城市休闲服务已不能满足人们的需求,节假日走向乡村、回归自然越来越成为市民的追求。在要素优势方面,上海乡村和核心区相比,租金成本、人力成本具有优势,和其他城市相比,企业又会重视落户上海的广告效应。在重大战略优势方面,上海乡村得益于长三角一体化战略、五大新城建设契机,不仅市场更为广阔,而且交通基础设施、教育医疗公共服务、居住保障得到前所未有的进步,人才引进方面还获得更为优惠的政策。基础设施和公共服务的完善为乡村承接城市部分功能提供了基础条件。"三园一总部"将自身发展与城市需求进行对接,通过加强与城市核心区之间的互动,以服务城市为核心,承接中心城市对空间、休闲创意的需求,实现城乡功能互补、错位发展,将乡村与城市发展融为一体。

3. 新时代城乡融合发展的需要

在新时代背景下,城乡融合发展不仅仅服务于经济高速增长,而是要服务于高质量发展。城乡融合发展不再割裂城市和乡村,而是将城市与乡村作为统一整体来考量。中共中央、国务院通过的《关于建立健全城乡融合发展体制机制和政策体系的意见》表明,新时代城乡融合发展是城乡要素自由流动优化配置的发展,是基本公共服务均等化的发展,是乡村治理体系不断健全的发展,是城乡发展差距和居民生活水平差距显著缩小的发展,是全体人民共同富裕的发展。城乡融合发展要在经济发达地区、都市圈和城市郊区在体制机制改革上率先取得突破。"三园一总部"在顺应城镇化大趋势,牢牢把握城乡融合发展正确方向的基础上,尊重农民意愿,保护农民权益,打通城乡要素合理配置通道,实现基本公共服务普惠共享,推动城乡基础设施一体化,促进乡村产业多元化发展,支持农民收入持续增长,提升农民获得感、幸福感、安全感,实现城市繁华、乡村繁荣。

(二) 奉贤"三园一总部"的历史逻辑

要全面把握、了解奉贤"三园一总部"的历史逻辑,可从如下三个方面着手。

1. 奉贤村办企业的发展历程

如第二章、第三章所述,改革开放初期,农村大量富余劳动力就地从事工业、手工业生产,寻找致富门路。以奉贤区头桥镇家具行业为例,1983年,头桥地区十多位木匠率先办起了私营家具厂。到1987年,短短四年时间,头桥家具就打入了上海市场并站稳了脚跟:全市销售的22万套家具中,产自头桥的家具有2万套,占全市家具比例近10%。1992年,党的十四大号召大力发展民营经济,头桥的家具业又得到了进一步发展。33家私营家具企业的家具销售额占了全乡(当时还是头桥乡)个体户销售额的74%,头桥家具进入上海第一百货公司、永兴商厦、十六铺等著名家具经销处和商铺,还有30%左右的家具产品打入了江浙皖鲁等地。1999年前后,奉贤县委县政府提出,在全县范围内开展"万家富"工程,鼓励农民因地制宜从事加工流通业、发展种养业。当地又有一批人纷纷行动起来,一大批木器家具厂诞生,形成头桥家具大发展阶段。到2001年,头桥地区家具企业发展到725家。由于头桥"家具之乡"闻名在外,外地商户也纷纷前来到头桥租厂房设备,招兵买马,办起了各种家具厂、小作坊。至2009年初,外地商户在头桥创办的家具厂有123家,外来农民工从业人员达到1 549人。在近30年的发展过程中,头桥700余家木器家具厂形成了以私营企业和个体工商户为主的经营格局。头桥家具以产量高、销售量大、品种多的特点,遍及全上海,闻名中国,形成了远近闻名的"家具之乡"。2016年,上海开始实行"五违四必"综合整治、推进工业用地减量化工作时,一大批违法用地、违法建筑及违法经营、违法排污等脏乱差的现象,得到了有效整治,消除了安全隐患。在这个过程中,头桥地区大量小作坊式家具企业因污染大、违法现象多、安全隐患大,被整治关停,最后仅保留70多家具有一定规模的家具企业。"五违四必"整治对村级经济带来阵痛性打击,村级工业园消失,村集体收入锐减。

2. 奉贤乡镇村办企业的特点

第一,乡镇村办企业以工业加工、机械电器制造为主。20世纪90年代,随着国家改革开放政策落实,乡办企业和村办企业在奉贤迅速发展,当时奉贤21个乡镇都有村级工业企业开办,1990年村办企业达到1 018个。开办企业行业位列前三位的是金属制品业、机械工业、电器机械及器材制造业,分别为293家、162家和87家,其他还有塑料制品、纺织缝纫业、化学工业、建筑材料及非金属矿物制品等,从企业提供的工业产品来看,主要是满足人们物质生活需要,但由于企业技术设备不够先进,大多是高耗能、高污染、高危险的"三高"类工业企业。

第二,经济效益好,从业人员收入增长快。1990年,奉贤农村经济收入总额79 058.89万元,其中工业收入77 204.08万元,占97.65%。全县1 018家村办企业总产值75 994万元,利润总额6 959.4万元,全年工资总额8 218.6万元,人均年工资收入1 327.8元。到1996年,村办企业从业职工人均年工资为5 525.3元,六年增长四倍多。"万家富"工程政策推出后,农民兼业从事小加工、小流通、特色种养业,农民增收进一步提高。据《奉贤统计年鉴(2000年)》《奉贤统计年鉴(2004年)》数据显示[①],1999年百户农村住户抽样调查人均年总收入5 724元,到2003年百户农村住户抽样调查人均年总收入为6 915元,增长20.8%。

第三,农民兼业相当普遍。据《奉贤统计年鉴(1991年)》显示,全县1 018家村办业从业职工61 896人,每家企业职工人数平均为60.8人。

第四,企业发展粗放、污染严重,土地利用缺少规划。在以经济建设为中心的号召下,各村引进的村办企业大多是高耗能、高污染、高危险企业,缺乏污染治理能力。企业开办没有经过严格的土地利用规划,随意性大,导致村办企业"村村冒烟"、遍地开花。

3. "三园一总部"的产生与发展

2017年,奉贤区将"三镇一街道"(包括庄行镇、西渡街道、南桥镇和金汇镇)北片、紧靠黄浦江的48平方千米区域规划为农艺公园,依托农艺公园内闲置或低效的建设用地房,经改造引进总部企业,打造集生产、生活、生态、文化、艺术为一体的田园综合体,向总部企业作出"建我一个总部、还你一个庄园"的承诺。这是"一庄园一总部"的由来,也是乡村引进总部经济的最初想法。2018年,奉贤区将"一庄园一总部"的做法复制推广至全区,进一步提出:把生活资料变为生产资料,改造空置宅基地,引进符合规划要求的优质企业,称为"一庭院一总部";利用一个村或者几个村联合,把集体建设用地变为公共租赁住房等新基础设施,建设宜工、宜商、宜农、宜旅、宜教的公园式总部集群,称为"一公园一总部"。三种类

---

① 相关数据由奉贤区统计局提供,下同。

型统称为"三园一总部"。这一称谓最早是伴随着"农艺公园"的提出产生的。

为了转变农村发展方式、增加农民和村集体经济收入,奉贤区创新将"三园一总部"、生态商务区建设作为乡村产业振兴的载体,打通绿水青山向金山银山的转换通道,通过完善农村的生态环境和基础设施,聚焦美丽健康、生物医药、绿色生态等产业,大力吸引工商资本,在农村的集体建设用地、国有建设用地和闲置宅基地上引进企业总部,激活农村沉睡资源,让健康产业更有活力、让生态环境更加靓丽,进一步带动农民增收。努力实现"乡村让城市更美好,乡村比城市更美好"的愿景目标,不断开拓国际化大都市背景下奉贤的乡村振兴之路。截至2021年底,全区"三园一总部"累计落户企业总部1894家,税收合计约8.78亿元,已建成合景泰富、英科中心、弘正新能源等重点企业总部49家。

二、乡村振兴背景下"三园一总部"的实践探索

(一)"三园一总部"的基本情况[①]

奉贤区通过集体建设用地盘活、宅基地使用权流转等多种形式推进"三园一总部"建设,截至2021年底,累计已建成总部49家,正在推进的项目有26家。

1. 土地使用方式

在"三园一总部"项目的开展过程中,土地使用方式也呈现出多元化样态(如图5-1所示)。采用宅基地使用权流转的"三园一

---

① 本部分内容资料主要出自"关于'三园一总部'赋能农村繁荣的对策建议"课题成果。课题组成员:吴康军、张燕、陆晓丽、杨倩、潘莲莲。

总部"项目共21个,入驻实体型企业42家;采用集体建设用地盘活的项目21个,入驻实体型企业72家;采用宅基地使用权流转+集体建设用地盘活的项目1个,入驻实体型企业1家;采用国有划拨、集体建设用地盘活的项目1个,入驻实体型企业1家;采用集体资产出租的项目2个,入驻实体型企业2家;采用其他方式的项目1个,入驻实体型企业3家。由此可见,采用集体建设用地盘活的方式建设的"三园一总部"项目对企业更具吸引力。

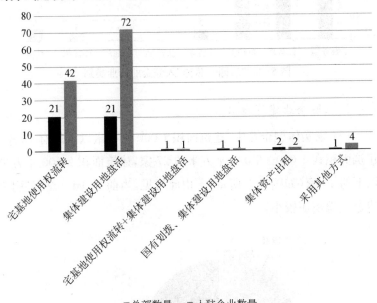

图5-1 "三园一总部"土地使用方式

2. 入驻的实体型企业行业类别

"三园一总部"项目引进的企业,类型各异(如图5-2所示)。服务型企业53家,文创类30家,科技类21家,工程类5家,流量型1家,房地产1家,环保类4家,其他6家。企业类别集中在服务型企业,文创类和科技类企业也占一定比重,所以,未来奉贤区在引进"三园一总部"企业时也要继续发挥引导作用。

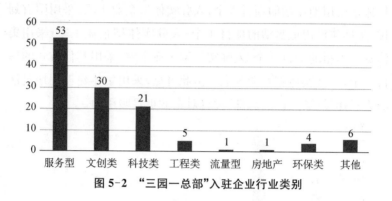

图 5-2 "三园一总部"入驻企业行业类别

3. 入驻企业建筑面积

121 家实体型企业中,建筑面积 1 000 平方米以下的有 75 家,建筑面积在 1 000—2 000 平方米的 27 家,建筑面积 2 000 平方米以上的 19 家(如图 5-3 所示)。由此可见,当前"三园一总部"引进的企业规模还较小。

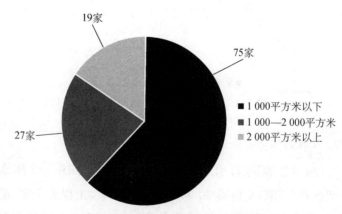

图 5-3 "三园一总部"入驻企业建筑面积

4. 税收情况

2019年,129家企业税收合计约2.12亿元;2020年,565家企业税收合计约5.09亿元,区级税收结算返还为1 395.32万元;截至2021年11月,全区累计落户"三园一总部"企业1 894家,累计税收8.78亿元。①

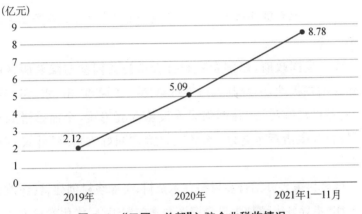

图5-4 "三园一总部"入驻企业税收情况

为推进"三园一总部"工作,全区上下一盘棋,合力推进总部经济,制定了关于土地权属、收购程序、税收返还等在内的多项政策意见,切实突破了土地、招商等瓶颈问题。其一,在企业享受相关税收优惠政策的基础上,进一步加强财税激励措施。在全区范围内,对符合"三园一总部"要求的企业,企业产生新增税收中的区得部分,扣除教育资金统筹后,全部返还至村经济合作社,按照村集体经济组织相关程序,一部分可用于村级股权分红,促进农民增收,一部分可用于乡村建设和壮大村级集体经济,尤其扶持与村集体经济组织合作推进项目,支持企业再发展。其二,企业与农村集

---

① 本文写作时,全年数据仍未汇总。

体经济组织合作,开展一二三产业融合发展所产生的税收,全部用于扶持发展合作项目。

(二)"三园一总部"的主要做法

在实施"三园一总部"过程中,各街镇根据各自条件有序开展,形成了一系列建设"三园一总部"和生态商务区的主要做法。

1. 完善配套服务供给,夯实"三园一总部"和生态商务区发展基础

充分发挥政府、总部企业和社会机构共同参与配套服务设施建设的积极性,因地制宜地推进总部经济周边"田、水、路、林、宅"的基础设施建设,并加强商业设施配套力度,全面推进农村垃圾治理、生活污水处理、水环境整治、"四好农村路"建设等重点工作。

区乡村振兴办结合乡村振兴示范村、美丽乡村创建、村庄改造等工作,指导各街镇加大自身资源要素配置组合,优化农村生态生活环境和村庄风貌,完善工作推进方案,制定好近期和远期发展目标。

基础配套服务是乡村经济发展的基础,也是加快完善农村人居环境的必然需求。加强商业设施配套力度,打造总部经济的"15分钟"生活圈。

依托奉贤区乡村振兴示范村、美村乡村创建等工作,优化农村生态生活环境和村庄风貌。秉承"三分灰、七分白"的新江南的建筑风貌,融入本土元素积极打造高品质地标性建筑群落。截至2020年底,全区成功创建6个市级乡村振兴示范村、20个市级美丽乡村示范村、57个区级美丽乡村示范村。吴房村、浦秀村、新强村等一批示范村成为乡村旅游"网红"打卡点。

2. 创新政策供给，突破"三园一总部"和生态商务区的建设障碍

坚持问题导向，敢于"无中生有"。创新财税金融激励政策，壮大村级集体经济，破解"三园一总部"发展难题。

第一，制定"奉十条"政策，破解企业融资难题。这主要分为两个方面。一是以资引流，区、镇两级国资（集体）企业与各类基金机构投资者合作成立投资基金，优先支持区内乡村振兴等领域重点项目发展。对由投资基金扶持培育或带动落户本区的项目，按照综合贡献度给予奖励支持。二是以息促投，每年按全区经营性用地出让总价的6%提取设立以息促投专项资金。鼓励各类企业通过银行贷款及其他各类金融工具参与乡村振兴发展等项目的中长期投资，根据其中基础设施和功能性项目占总投资的比例，按照总贷款额度以最高不超过当年基准利率给予贴息支持。

第二，创新财税激励政策，破解村级集体经济增收难题。为加快推进奉贤区乡村振兴战略，发展总部经济，实现农业强、农村美、农民富，壮大村级集体经济，促进农民增收，从2019年起，奉贤区政府对全区范围内"三园一总部"企业进行财政扶持优惠结算，即"三园一总部"企业产生税收的区得部分，扣除8%教育资金统筹和生态补偿资金后，全部纳入乡村振兴专项资金管理，返还至村，专项用于"三园一总部"建设和村级组织，支持企业再发展。经财政部门审核确认，2019年度，符合"三园一总部"结算条件的企业共116家，产生的地方收入合计为4 965.88万元，扣除基数后结算总额为3 924.9万元。2020年度，符合"三园一总部"结算条件的企业共396家，产生的地方收入合计为8 062.86万元，扣除基数后结算总额为6 846.52万元。税收返还有力地支持了乡村振兴战略和总部经济发展，促进村级集体经济不断壮大。

通过区级税收反哺后，2020年收入超千万元村增加到9个。以庄行镇浦秀村为例，2019年获得"三园一总部"反哺税收207.53万元，其中107.53万元予以分红和奖励，每户农户年终新增一次性红包奖金1 000元，每股农龄股的分红增加到约2.9元，增长21%。其余留存在村内作为发展基金。同时，通过土地综合整治，实施存量建设用地空间平移、集聚和布局优化。农村集体经济组织可通过规范的民主程序，协议有偿收回闲置宅基地、乡镇企业等用地，由集体经济组织为企业量身打造办公用房，鼓励美丽健康、生物医药、绿色生态等新兴业态聚集，利用以税代物形式降低企业成本。

3. 盘活沉睡资源，优化土地资源利用空间

在土地资源盘活方面加大改革创新力度，积极探索在农村宅基地、集体建设用地、国有建设用地上引进工商资本。在充分抓住农民相对集中居住工作契机，改变农村零散风貌的同时，积极盘活宅基地与集体建设用地，腾出更多的土地资源，为"三园一总部"的集聚提供空间。

全区聚焦美丽健康、生物医药、绿色生态等产业，大力吸引工商资本，各街镇结合自身实际，在农村的集体建设用地、国有建设用地、宅基地上引进企业总部，激活农村沉睡资源。例如：庄行镇安排19个集体建设用地点位，与区属国企开伦集团合资成立庄行农艺公园公司，对点位上的原有集体厂房进行回购，同步开展总部招商工作；南桥镇六墩村主要采取宅基地流转形式引进企业总部；西渡街道关港村通过将国有土地出让给村经济合作社，由区属国企上海交能集团出资打造港能总部，由社会资本九鼎集团负责后续招商引资工作。

"三园一总部"集聚发展效应态势近年来已逐步显现。全区通

过盘活集体建设用地、宅基地等沉睡资源,推进"三园一总部"建设。相关区域发展已初具生态商务区形态,如南桥良渚江海,庄行农艺公园渔沥林盘、糖梨花泽、桃花廊庑等功能组团,西渡街道港能总部区域,青村镇吴房村,金汇镇申亚森林美谷,柘林镇南胜村、四团镇五四村等区域,在发展规模上已具备一定体量。在已建成的40多家总部企业中,各总部点位建筑面积500平方米以下的17家,500—1 000平方米的4家,1 000平方米以上的19家。

4. 持续招商推介,传播乡村资源特色吸引市场关注

立足"三园一总部"经济,构建点面结合、内外一体、政府主导、各种社会力量广泛参与的招商体系。推进乡村产业多元发展,通过引入工商资本和人才逆向流动,提升乡村的经济吨位、经济密度、经济动能,实现产业要素在乡村适度规模化聚集。坚持"引进来"和"走出去"相结合的招商模式,召开各类招商推介会,进一步发挥市场主体能动性。如2021年3月,在上海展览中心顺利举办奉贤投资信息发布会暨市属国企助力奉贤新城、乡村振兴专题对接会,现场吸引30余家市属国有企业到场,网络观看达4万人次。各街镇也充分利用各自招商平台,开展各类招商21次。

(三)"三园一总部"的运行模式

1. 南桥镇六墩村:以农村集体经济组织为主导的运行模式

宅基地、承包地、集体建设用地是农村发展的根本,开展农村"三块地"改革是实施乡村振兴战略的重要抓手。以村委会为主体,自愿流转宅基地的村民与村委会签订流转协议,以租赁的形式将宅基地使用权流转到村委会,村民获得逐步递增的租金收益。原有的自建房,委托第三方设计和施工团队改建或翻建,

对整体环境进行改造提升,推进农村宅基地使用权流转,吸引企业入驻。南桥镇六墩村在"三园一总部"项目的运行中探索出以农村集体经济组织为主导的运行模式,下文详细介绍并分析这一模式的做法。

(1) 六墩村基本情况。奉贤区南桥镇六墩村 2004 年由原红星村、六墩村、轿行村三村撤销后重新组建而成。地处南桥镇正南位置,毗邻中心城区,东接环城东路与杨王村接壤,西至贝港河与沈陆村相望,南靠平庄公路与柘林镇毗邻,北枕 G1503 高速公路与镇区相连。村域面积 4.66 平方千米,耕地面积 3 876 亩。全村户籍人口 4 528 人,外来人口 7 439 人,共有 33 个村民小组,党总支共有 7 个支部,党员 136 名。村内平庄公路、南庄路、环城东路和江海南路两纵两横四条主干道贯穿而过,具有优越的地理位置和便捷的交通优势。六墩村是典型的城乡接合部地区,2016 年以前,大量外来人口聚居,全村流动人口达到户籍常住人口的 10 倍,绝大多数农民自建房存在违章搭建、扩建情况,群租现象十分普遍。"五违四必"整治之后,大量违章企业关停,违章民房拆除,拆除违章面积达 50 万平方米,外来人口减少 1.1 万人,六墩村面貌发生了极大改善。然而,整治后的六墩村也面临发展的瓶颈,如何尽快跨出"阵痛期",重塑村级经济造血机制,找到发展的新出路,成为摆在村面前最大的一道难题。

(2) 六墩村的主要做法及成效。2018 年起,六墩村作为奉贤首个"三块地"改革的试点村,通过盘活宅基地资源,引入市场主体开发,把农民生活资料转变为生产资料,打造"一庭院一总部",形成村民增收、村级经济与农村环境、乡村文化相融合的良性发展机制。六墩村首期有 58 户村民约 13 000 平方米的宅基地使用权流转。以"一庭院一总部"为标准,以税收 100 万元/户为基础门槛,引入市场主体进行开发建设。目前,六墩村庭院总部已建成宅基5户,在建的6户,已签约的17户(含在建)。六墩村"三园一总部"项目已引进企业31家,其中已入驻企业9家,已签订意向入驻协议22家,年产税收达1亿元。目前,六墩村新一轮的1600平方米宅基地改造工程已全面启动,"三园一总部"二期项目正在建设中。

六墩村利用整建制拆违成果和整建制美丽乡村建设契机,结合自身实际,将乡村资源转换为发展资源,打造总部经济,取得了阶段性成果。一是规划引领,因地制宜谋划宅基地改革。六墩村抓住南桥镇郊野单元规划获批的契机,优化乡村区域战略发展规划,为农村宅基地改革提供科学依据,更为实施乡村振兴战略奠定良好基础。通过"拆"和"留"的布点,有效盘活宅基地资源,打开宅基地改革通道,公平、公开地实施宅基地使用权流转。六墩村具有得天独厚的区位优势,特别是随着奉贤新城开发的纵深推进,周边农村"三块地"资源十分紧俏。六墩村发挥村域特点,推进宅基地使用权流转,吸引总部经济落户乡村,探索改革路径。二是大力招商,宅基地使用权流转给企业。明确以村委会为操作主体,以宅基地性质不变、建筑面积不变、宅基地边界不变为基本原则,采取整户流转、半户流转、就近流转等多种策略将宅基地使用权流转到村,积极参与区、镇举办的各类推介会,加大六墩村宅基地"一庭院一总部"的招商推介力度,吸引优质项目入驻宅基,招商引资引入企业或个人等专业市场主体进行开发建设,招商力度不断加大。2019年六墩村村集体可支配收入878万元,同比上年增长220万元;2020年全年税收超5000万元,村集体可支配收入1173万元,同比上年增长295万元。这些优质项目还带动了南庄路沿线的整体联动发展。三是成效显著,农民集体收益可观。以"租税联动"方式,用税抵租的创新模式招商引税,实现农户出租收入的节节攀升,引入村级经济发展的源头活水。如以 200 平方米一户宅基为例,按照租金每天 1.2 元/平方米的标准进行宅基地使用权流转,租期 10 年,每户流转租金达到 10 万元/年,较原先散租收入提升 100%;建安成本约 120 万元,地方税收约 300 万元,通过区、镇税收所得退给村级集体经济组织的政策支持,村级经济将增加可支配收入 180 万元,该户村民将获得 90 万元以上的稳定租金收入。

(3) 启示与思考。六墩村从"一庭院一总部"开始试点,未来将发展为"一公园一总部"和生态商务区,进一步推进智慧数字乡村,服务企业和村民。从乡村产业兴旺到乡风文明,力图打造一个乡村振兴示范村的样板。一是打造富有活力的总部乡村。以总部经济产业为支撑,一期 5 户宅基地流转试点为基础,继续着力打造六墩南庄路、六墩中心路沿线 58 户生态商务核心区,企业全部入驻后将为村里每年带来至少 1 200 万元的可支配收入,通过产业兴旺,做到名副其实的乡村振兴,逐步形成产业经济的总部乡村,引领带动南庄路沿线乡村振兴示范线的整体联动发展。二是打造富有智慧的数字乡村。建立"5G+六墩云"体系:做好生态商务区内各家总部企业的"店小二"服务工作,通过大数据平台,帮助公司企业解决办证、纳税等各项服务事宜;建立农村服务"六墩云"平台,统一接入数字乡村所有应用,提供数字乡村生产经济与惠民服务应用内容建设(智慧党建、数字治理、数字惠民、数字经济等)。三是打造乡风文明的花园乡村。以"三长联动+十户共管"为抓手,营造宅基村民比学赶超浓厚氛围,切实解决社会治理难题。结合村规民约、美丽约定,推行"三长联动+十户共管"村民自治方案,由"邻长+村民组长+党小组长"三长联动,积极组织村民参与村内美丽乡村、和美宅基、河道整治、人居环境、乡村振兴等各项工作中,通过宅前屋后、道路周边的整治,村民的自治,新村民的参与,逐步形成以南庄路、环城东路等道路沿线花园乡村的浓厚氛围。

2. 青村镇吴房村:以市属国企、政府、社会资本共同参与投资的运行模式

由市属国企、政府、社会资本合资成立乡村振兴综合运营平台,通过创新的混改机制良好整合国资公信力、政策优势保障及社会专业力量,组建以长三角乡村振兴为主题的股权投资基金,有效支撑示范村建设运营。

(1) 吴房村基本情况。青村镇吴房村位于奉贤区中部,距离上海市中心直线距离约40千米,村域面积1.99平方千米,耕地面积1 448亩,村级流转土地931亩,规划城市建设用地23.5亩,集体建设用地56.5亩。辖10个村民小组,户籍人口1 343人。村"两委"班子人员7名,党员人数66人。吴房村拥有悠远深厚的历史人文底蕴和丰富的农业资源,村内"旌义"牌坊、百年老宅及百年老树呈现出历史年代感;拥有丰富的民间文化传承,其中刻纸、打莲湘已列入非物质文化遗产名录;特色黄桃成为国家地理标志产品,每年春暖花开之际,到处都是桃花烂漫的"世外桃源"。

(2) 吴房村的主要做法与成效。青村镇吴房村由市属国企上海国盛集团、政府、社会资本,共同在青村镇吴房村合资成立思尔腾乡村振兴综合运营平台。以产业为核心,带动农村经济可持续性健康发展,提升乡村风貌和宜居生活水平,促进村级治理和乡村文化振兴,构筑村民、村镇集体、企业协同发展的农村建设新格局,努力使农业强、农村美、农民富。

吴房村的一期项目位于浦星路以西、平庄路以北的区域范围

内,涉及吴房村1、2、9三个小组,宅基户数75户,人数302人,土地358亩,目前宅基地已流转61户。一期项目通过导入产业、文旅等要素进行资本运作,内设黄桃种植片区、名人名企、民宿、餐饮、青年创业中心、垂钓乐园等,打造集黄桃产业和文化创意产业为一体的园中园。

一是打造庭院里的总部空间,吸引产业资金,让口袋富起来。吴房村充分利用江南水乡赋予的自然生态禀赋,注重创新与传承相结合,由中国美院、润途设计等名师团队统一规划设计,以"三分灰、七分白"海派江南、粉墙黛瓦为特色,为示范村凝神塑形。全面统一实施宅基地建筑风貌改造203户,沟通治理一期项目水系环境,实施乡村道路、污水纳管、天然气入户、架空线梳理等建设项目,为"三园一总部"打造独具水乡特色的"庭院总部"亮丽名片。截至2021年12月,吴房村通过统筹运营、整体管理,已注册企业150家,入驻企业28家,引进新"村民"162人。2018年纳税1 091万元,2019年纳税5 502万元,净增4 411万元。2020年纳税1.07亿元,村集体经济比上年增长50%。2021年纳税已达1.28亿元。村民通过"租金+薪金+股金"三大综合收益手段,2019年和2020年增加租金收入总计都在350万元以上。如百年老宅户主费姓农民,之前为了补贴家用将闲置的部分房屋出租给几户外来家庭居住,人员出入频繁、环境嘈杂,出现不同程度的脏乱差现象。现在该户主将老宅整体流转后,这座矗立在吴南房一组的老宅就像一块璞玉,经过多方专业人员的"妙手生花",老宅的人文价值和现实功效得以不断展现,现已成为吴房的地标性建筑之一。此外村民还可以在家门口就业,2021年就业收入总计180万元,实现了"户户增收10万元"的阶段性目标。

二是拓展庄园里的孵化空间,吸引创业智慧,让脑袋富起来。

吴房村从一开始规划就避免引进传统企业,没有因为乡村风貌好就引进乡村旅游类等企业,而是要引进具有科技含量高的数字化企业,就算是初创企业,也可以通过村的"庄园基地"加以孵化,培育成为具有核心竞争力的优质企业,为乡村主导产业发展提供源头支持。吴房村联合上海思尔腾科技服务有限公司、国盛投资基金、上海市农科院等团队智库,引进和培育农技农科产业、种子产业,为村特色产业发展服务,打造创新创业平台,彻底改变"树老、地老、人老"的现状。

三是激活公园里的青年创客,吸引青年人才,让青春走进来。年轻人是乡村振兴的核心引擎,吴房村抓住青年返乡创业的主要诉求,努力建设与城市创业所不同的低成本、低难度、低起点有利环境,最大程度给予年轻人发展空间,增大青年产业社区"公园空间"对青年人才的吸引力。结合乡村文旅品牌发展,吴房村的年轻运营团队切实促进做实吴房村"工作日里是园区,节假日里是景区"的产业公园定位。如屠某作为土生土长的青村人,从上海师范大学研究生毕业后,他回乡一心扎根农业,立志打造自己的绿色生态农业,发展农业旅游,增加农业附加值,实现自己心中的"绿色农业梦"。在吴房村,他带来了农事体验、水果采摘、中草药知识普及推广等生态农业的沉浸式互动体验,将自然教育的领域和理念不断深化拓展,创设独特的农村生态体验式产业。他是上海市农业青年人才协会成员,也是上海市青年创业协会成员,还入围了区滨海青年英才和市青年创业英才。吴房村通过引导、激发年轻人的主观能动性,最大限度凝聚起青年人的事业认同、价值认同、理念认同,为园区产业的迭代升级,为吴房村的乡村振兴注入源源不竭的动力。

截至 2021 年底,一期项目已进入常态化运营,入驻企业 86 家,以农创文旅、亲子研学、智能制造、医疗康养等行业为主。园区内提供物业管理、颐养公寓服务管理等公益性就业岗位,优先招录本村村民,吸纳富余劳动力,帮助村民实现"家门口"就业 130 人。二期将着力推动农民集中居住工作。

(3) 启示与思考。乡村全面振兴,仅仅依靠农民自身力量是远远不够的。创建"三园一总部"需要投入大量资金,运作需要专业队伍,这都离不开多元主体的参与。国有资本、社会资本、集体资金等多元主体参与运作,村委会协调配合,多方合力推进。一是解决建设资金来源问题。一部分田、水、路、林、房、四大管线等由市、区、镇三级政府承担,另一部分来源于乡村振兴发展基金。作为市属两大国资运营平台之一,国盛集团以吴房村为试点,深入探索国有资本参与乡村振兴的新模式,牵头组建"长三角乡村振兴基金",由盛石资本负责运作管理,政府、国有资本、社会资本、金融机构认缴出资,形成"政府+国有资本+社会资本"多方合作模式。基金下设产业服务、产业投资、产业空间三个实体操作平台,将基金作为枢纽,政府、基金、企业三个主体间搭建闭环,实现相互联动。长三角乡村振兴基金首期基金启动运作后,将把吴房村的模式推广至吴房村所在的奉贤区青村镇。未来二期基金、三期基金成立后,将逐步扩展至上海其他郊区,后续还将推广到长三角其他区域,推动乡村振兴战略和长三角一体化发展交融激荡。二是解决集体经济如何壮大问题。青村镇成立三个运作平台——胤腾公司、桃源里公司和思尔腾公司。胤腾公司,由镇政府出资 1 亿元注册资本,全面负责全镇的开发建设,主要是项目的设计策划,及最重要的乡村风貌的控制。桃源里公司是胤腾公司注册的全资子公司,注册资金 1 000 万元,村集体占股 70%,主要把镇村两级集体资产归并(即"三块地":承包地、宅基地、集体建设用地)。思尔腾公司是一家混合所有制企业,注册资金 2 000 万元。上海国盛公司占股35%，桃源里公司占股30%，社会资本思画投资公司占股30%，镇内文创企业恒润集团占股5%。思尔腾作为运营实体，充分发挥各方优势，真正从资源到资产带资金，使农民成为股民（租金收入、分红收入和资产增值），实现二次分配，为区域经济提升赋能。农民通过房屋流转不仅使原有的生活空间和居住功能得到极大的改善而且还有持续的租金收入，切实实现生活环境与增收增效"双赢"。三是解决乡村引进什么样的企业问题。各类资本混合的上海思尔腾科技服务有限公司，围绕"乡村孵化产业、产业振兴乡村"理念，跳出传统田园综合体、特色小镇建设思路，不依赖生态风貌优势，不将乡村旅游作为主导产业，而是突出产业孵化"庄园基地"作用，"育智、引智、用智"，着力打造乡村产业"孵化器、加速器"的核心竞争力，为乡村血脉产业提供温床和发源地。思尔腾公司大力加强与外界合作，聚焦农创、农技农科产业，重点关注适合乡村土壤、符合乡村定位、契合乡村业务的中小企业，营造共同发展、共享成长的乡村振兴产业体系。通过设立投资孵化、创业创新平台，联合国盛投资基金、市农科院等团队形成产业发展智库。充分利用吴房村乡村环境、黄桃特色农业品牌、土地资源等现有资源，导入种子产业，促进吴房村从生态优势到发展优势的蜕变。从"三园空间"里窥见未来，从"乡村振兴"中走出吴房。吴房村将进一步做实"三园一总部"模式，走出一条把生态优势转化为经济社会发展优势的新路，不断求实创新，苦干、实干加巧干，实现"生产美、产业强、生态美、环境优、生活美、家园好"，打造具有中国特色、上海特点、奉贤特质的乡村振兴示范样本。

3. 西渡街道益民村：以区属国企投资为主的运行模式

以西渡街道"浦江第一湾"生态商务区为例，建设打造港能一号总部、淳之文化总部、美肯创空间，目前都已竣工并正式运营，先后引进贵酒集团、极度网络等十多家企业落户,吸引企业注册150多家,2021年税收已接近1亿元。这些总部建设,大多以原地上附着物物改建或国有土地出让来推进,项目建设和资金投入由区属国有企业负责,通过找寻优质的企业或者平台来承接项目具体运营。

(1) 益民村基本情况。益民村位于西渡街道东南角,金海公路与大叶公路贯穿全村,南有S4高速大叶路出口,北有金海公路隧道,交通便捷,到徐汇商圈只要半个小时,具有交通优势。村域面积3.12平方千米,可耕地2400亩,村域内还有建设用地370亩,具有土地资源优势。现有21个村民小组,农户882户,户籍人口2859人,常住人口约5000人,具有人力资源优势。正是由于以上三种优势,益民村开展"三园一总部"项目,走在全区前列。

(2) 益民村的主要做法。益民村作为西渡街道第一批农艺公园总部庄园的示范点之一,是奉贤区第一个引进总部经济的村,"三园一总部"探索主要有两种类型。一种是利用集体建设用地打造"一庄园一总部";另一种是利用闲置宅基地打造"一庭院一总部"。利用集体建设用地打造"一庄园一总部":益民村村委会原办公大楼占地12.5亩,建筑面积2800平方米,于2018年3月28日与上海弘正新能源科技有限公司签订租赁协议,租赁期限15年。该公司是一家致力于绿色能源,集研发、设计、销售、安装于一体的太阳能系统集成供应商。总部主要从事研发活动,主要业务包括太阳能集热系统、太阳能工业热利用、热泵机组、分布式光伏电站,符合低碳转型和高质量发展要求。2018年4月公司入驻,租金为100万元/年,约定税收为1500万元/年,两项合计村集体经济每年可增收200万元。益民村利用学校旧址,吸引美肯文化传播公司入驻,由美肯文化负责改造、装修。利用闲置宅基地打造"一庭院一总部":益民村于2018年4月28日流转益民3户宅基,流转面积为1 233.58平方米,租赁期15年,租金第一个五年0.7元/平方米,第二个五年0.8元/平方米,第三个五年0.9元/平方米,房屋由村委会统一建造、装修,在不超过原宅基地面积基础上,分别翻建前后两幢房屋,前面房屋用于出租,格局遵照原格局,以保障租期结束后,农民还能使用。后面房屋由农民自主使用。平均一套庭院年租金23万元/年。平均每户人家每年的租金收入可达10万元,同时村里获得一定的租金差价和税收。预计增加税收500万元,村级集体经济每年可增收120万元。

(3) 益民村的成效。村集体和村民的收入明显增加。实施"三园一总部"之前,全村总收入约为300万元,其中农业全年收入230万元,财政转移支付70万元。全村总支出约为670万元,其中福利支出110万元,日常开支60万元,村班子、事业人员工资支出200万元,卫生外包支出60万元,社保支出20万元,土地流转支出220万元;不考虑"和美宅基"创建、工程类项目、农业设施维修等项目支出,每年都是收不抵支。益民村没有自己的集体经济产业,以前都是通过土地复耕和动迁补偿来实现资金的平衡,但无法实现乡村振兴和村民真正富裕。实施"三园一总部"之后,企业租金收入300万元,税收收入30万元,随着入驻的企业总部发展壮大,预计未来税收将达到1 500万元/年以上,税收显著增加。乡村社会治理得以改善。首先,实施"三园一总部"之前,大都市乡村的外来人员的群租现象较为严重,一户宅基租客可达18家,安全、消防隐患突出,现在通过流转可有效解决群租问题。其次,有助于拆除农户违法建筑,如流转的益民815号农户,原有违法建筑高达4层、500多平方米,与有证房屋相连,拆除难度大,流转后彻底拆除。再次,有助于农村危房翻新。郊区农村房屋建造于20世纪七八十年代,房屋破旧是目前农村百姓最关心的问题,通过流转翻建,农户的房屋危房变新房。最后,环境面貌得以改观。原来的建筑垃圾堆放点变成了小公园,新引入的总部企业外立面装修,为乡村增添了美感,吸引高素质年轻人回流乡村。"三园一总部"吸引的企业以科技、文创产业为主,从业人员年轻且学历高,提升了乡村人口素质。同时这些人乐于参与公益事业,对乡村文化提升具有一定作用。

(四)"三园一总部"发展面临的主要问题

1. 招商力度有待加强,质量和规模有待提高

从2019年、2020年税收的结算来看,虽然2020年较2019年企业户数增加了280家,企业户数翻了两番,但地方收入却没有同步增长。因此在新引进企业时,要更注重企业效益和项目质量,进一步做大总部经济的规模和体量。"三园一总部"采取结算优惠政策后,易造成区内企业的无序流动和现有税源的部分流失。在招商工作方面,主要存在以下三个问题。

第一,基层招商运营人才缺乏。目前"三园一总部"主要由村级负责招商,近几年,村"两委"班子人员致力于社会治理,在招商方面存在意识不强、水平不够等问题,导致引进的项目普遍质量不高、规模较小,税收贡献也不足。一些文创产业缺乏具备运营能力的团队,导致项目活力不足,持续发展难度较大。

第二,公共服务不足以难促进招商。目前"三园一总部"、生态商务区的公共服务设施还基于乡村标准,周边医疗、交通、餐饮等生活类配套设施较为薄弱,供给相较于城市差距较大,软环境难以维系企业家以及企业人才对公共服务的需求,影响优质企业入驻。

第三,展示度和集聚效应不明显。目前市场资源、项目资源还不够,集中度展示度还不够高,没有形成集聚效应和规模效应,对乡村产业项目落地有一定影响。部分"三园一总部"项目有意向但方案一直待确认,企业入户意向不够强烈,使招商存在一定难度。

2. 建安成本高,建设资金压力大

农民相对集中居住"上楼"成本高。庄行镇农艺公园区域内1 631户农户约1 000户有意向"上楼"集中居住。根据现行实施方案,户均安置成本为330万元/户,其中市、区两级补贴总计约160万元/户,剩余部分170万元/户均由镇级自筹,资金压力较大。西渡街道在集中居中方面也有同样的资金压力:户均安置成本为330万—350万元/户,其中市、区两级补贴总计约160万元/户,剩余部分还需街道自筹补贴170万—190万元/户。

创建乡村振兴示范村所需资金量大。以创建成功的浦秀村为例,项目创建总计需投入资金约6 000万元,其中2 000万元为市级补贴,剩余4 000万元由区、镇按照8∶2比例出资承担,庄行镇需承担约800万元。此外,部分资金如广告宣传、雕塑等约200万元,无法列入打包立项范畴,该部分资金均由镇、村两级承担。因此,基层在乡村振兴战略落实的过程中存在较大的资金压力。

宅基地房屋改造成本高。愿意流转的宅基地大都建设于20世纪80年代,房屋质量较差。一些企业在考虑租用宅基地进行"总部经济"建设的时候,因初期房屋加固及装修成本太高而退却。

资金投入渠道不宽。在一些基础条件相对差的地区,方方面面都需要资金投入,资金不足的情况严重。如西渡街道农村相对底子薄,基础弱,已建成的港能总部、淳之文化采用的是村以租金方式替代建设经营。因此对村而言,经济负担偏重。再如头桥地区,乡村振兴投入总量不足、投入途径狭窄,乡村振兴资金多以政府财政投入为主,工商资本、社会主体对农村产业参与度不高、活跃度不够,影响乡村持续振兴。

3. 土地资源紧压缩,乡村建设用地明显不足

土地市场资源有待进一步激活。当前政府组团招商积极性高,但市场主体观望较多,入驻率还不高,对于乡村的发展新形势和新需求认识还不够到位,仍旧以割裂的城乡二元结构视角看待乡村。奉贤区郊野单元规划虽已实现全覆盖,但是由于街镇与村编制规划时对于乡村产业发展考虑尚未成熟,导致为乡村发展的预留空间还不足,进而使土地问题影响社会资本投入的积极性和实效性。

集体经营性建设用地使用权交易困难。根据规划资源局口径,集体经营性建设用地使用权只能挂在集体经济组织下面,无法过户给"三园一总部"开发公司,目前通过一事一议来办理,但后续或许会成为历史遗留问题。

基础设施不足,宅基地流转困难。针对通过宅基地流转打造"三园一总部"和生态商务区的项目,由于宅基地原房屋没有统一建设标准,存在翻新改造难度大、工作量大的问题。宅基地是农民最重要的资产之一,农民对宅基地流转利用、置换上楼、平移归并、货币置换、股权置换等多元化政策的考量更是慎之又慎。属地政府为满足企业对相关配套设施的需求(如水、电、煤、电信等),立足现状进行整体改造。但由于体量大、手续流程烦琐、办理时间较长等问题,无法在短时期内实现改善,所以给宅基地"三园一总部""生态商务区"的推进工作带来了不少阻力。

农艺公园开发建设用地体量受限。因庄行镇农艺公园位于黄浦江生态廊道,根据上位规划,建设用地规模不得超过总区域面积的10%,扣除道路、公共服务设施、保留宅基地等建设用地,规划

仅可落实17幅经营性用地,规划用地面积228亩,体量较少,且多数利用存量建设用地更新开发,布局较为零散,造成基础配套投入较大。

地理空间有局限,工业用地严重不足。青村镇经过多年的发展,企业的规模和数量有所增长,在"三园一总部""生态商务区"推进工作中,原有厂房趋于饱和,部分企业出于扩产需要,对土地的需求增多。工业用地方面指标严重不足,导致部分投资者增值扩产脚步放缓,新项目难以落成,部分企业有向外转移发展的苗头。

4. 投入未能形成资产,投资回报周期较长

投入未能形成资产,产权不明晰。比如:2021年经发公司和开伦集团的浦秀村"青春里"养老社区项目因为产权不明晰,最后是在民政、财政部门的协助下用捐赠方式完成的;杭州湾公司后来也是采用同样的方式将英科中心捐赠给了属地政府来解决产权不明晰问题。2021年,东方美谷集团开展的益民村厂房改建项目,出资建设后集团不持有物业产权,仅拥有使用权,所以目前尚未在协议上达成一致。产权不明晰,会在较大程度上影响国企参与乡村振兴的积极性,如果最后全部用捐赠方式来处理,国企恐无法收回投入资金。

投资回报周期较长。上海交能集团出资建设位于郊野公园的渔沥临盘项目,由于涉及农民"上楼",已投入资金3亿多元。由于建设成本较高,经测算以租金返还的形式收回成本预计需要40年,短时间内无法达到资金平衡。同时,40年间存在政策的变化,后期不确定因素多。如此长的投资回报期不仅对于国企来说是一道难以克服的障碍,对有关部门审核投资、考核国资投入保值、增值等方面也是难以通过。如上海交能集团参与的乡村振兴工作主要开发模式为市/区两级政府指导、行业参与、国企兜底的模式。

由于参与乡村振兴项目主要涉及集体经营性建设用地开发与宅基地改造,在项目实际推进中,由于土地性质原因,国企无法直接介入,存在项目立项与资金支付通道以及国资投入后难以形成资产等问题。由属地立项,国资预付使用权收购费用作建设资金的方式缺少足够的政策支撑与行业支持。同时,由于建设主体非国企,国有资金的投入无法直接形成资产,如何确保国资投入合理、合规,并实现保值、增值,需进一步研究明确。

5. 相关公共服务设施配套不完善

"三园一总部""生态商务区"基本位于地理位置偏远的农村地区,普遍存在交通不便、公共服务设施配套薄弱等问题,具体表现在如下几个方面。

生活教育配套有限,营商环境有待改善。企业家在选择投资地时越来越注重医疗、子女教育等生活品质需求。同时,软环境因素也关系企业的人才储备和能否持续保持创新动力。在营商环境中重点突出文化、教育、医疗、社区治理等多个维度,并将其与其他营商环境指标整体打包,才能提供新的营商环境比较优势。

公共服务与商务配套尚显不足。目前规划以新科技、文创为主的总部,需要周边更现代化的城市配套设施,应在金海公路虹梅隧道两侧布局更多的商业集群、生活配套、优质的教育及医疗资源。

总部点位配套存在劣势。相比城市点位,农艺公园周边相对应配套设施不够完善,交通出行停车不便,仅自然环境吸引力有限,企业落户意向不定。

三、"三园一总部"的展望

"三园一总部"是奉贤打通"绿水青山就是金山银山"的有效路

径,是承接城市核心功能的重要载体。笔者认为"三园一总部"发展能级可以从以下三个方面得到进一步提升。

首先,激发内生动力,发挥经济价值,实现"三园一总部"可持续发展。一是要走复合供地之路。既要引进"拎包入住"的企业,也要引进打造"三园一总部"的社会资本。当前,制约社会资本投资的主要矛盾在于土地资源,建议在镇级层面打破行政村区隔,将零散的集体建设用地资源通过平移整合,实现集聚型、规模化开发;村级层面将集体建设用地、宅基地、农用地统筹利用,提供多样组合使用模式,满足企业的差异化需求。二是要走精准招商之路。目前总部招商仍存在碎片化的情况,尚未形成片区之间精准定位。一方面,聚焦东方美谷产业品牌,吸引美丽健康、生物医药等重点行业上、下游的优质企业入驻;另一方面,聚焦新兴行业,如打造"流量经济"集聚区,引入平台企业、网络直播、文化创意等,打造"网红"集聚地、品牌集聚地、人才集聚地。三是要走共同富裕之路。利用企业发展的契机为农民提供岗位,解决就业等,让农民实现从被动接受者到主动参与者的转化,让农民成为乡村经济发展的主要获益者,推动农民共同富裕,从而实现农村繁荣的新景象。

其次,释放资源优势,凸显生态价值,打造"三园一总部"特色生态经济。一是用好生态资源,变"盆景"为庄园。建议各街镇聚焦奉贤区"十四五"规划制定的重点项目,充分挖掘各自资源禀赋,统筹考虑推进方案,打造新江南水乡里的"三园一总部"。例如,用好黄浦江沿岸涵养林资源,打造"森林里的总部"。二是完善配套,放大生态优势。建议聚焦入驻企业商业配套需求,在总部集聚区域,做实做优公共配套服务。一方面,坚持从实际出发,加强田、水、路、林、宅等基础设施建设,优化乡村软环境;另一方面,推动优质公共资源下沉,加大文化、娱乐等基础设施建设,优化商业生态圈,打造新江南水乡的生态商务区。三是坚持组团式发展的方向。在充分挖掘各镇资源禀赋实现差异化发展的基础上,制订联合发展的规划,彻底打破地域限制,实现镇与镇之间、村与村之间优势互补的生动局面。

最后,围绕新江南水乡风貌,提升美学价值,推进乡村空间蝶化。一是要给予乡村空间蝶化足够的空间资源。建议加强郊野单元规划动态调整力度,新增建设用地指标向乡村大力倾斜;加快推进农民相对集中居住和宅基地改革试点,抓住先行先试机遇,盘活宅基地和集体建设用地,把大片农用地和优美田园风貌作为最好的配套,改变农村零散风貌。二是要融入新江南文化。引导各地区立足本地文化遗存,将历史文化、红色文化、江南文化等融入"三园一总部"建设,打造"新江南"景致,以此吸引有情怀、有底蕴的优质企业入驻。三是要做好总部发展的深度策划设计。一方面,通盘考虑总部点位设计与村庄规划、基础设施建设等,既契合新江南水乡风貌,又满足城市功能承载需求;另一方面,保持乡村自然肌理,传承历史、留住文脉,用生态和文化打底色,回归自然,让"三园一总部"实现因水而美、因文而美、因人而美。

第六章
新江南文化:作为生活方式的乡村

中国特色社会主义是全面发展的社会主义。站在新的历史方位,党的十九大对我国社会主义现代化建设作出新的战略部署,并明确以"五位一体"的总体布局推进中国特色社会主义事业,从经济、政治、文化、社会、生态文明五个方面,制定了新时代统筹推进"五位一体"总体布局的战略目标。习近平总书记明确指出:"要坚持中国特色社会主义文化发展道路,激发全民族文化创新创造活力,建设社会主义文化强国。"[1]因此,建设中国特色社会主义文化是当代中国的一项重点任务,这需要我们秉承中国的文化价值理念,坚持中国的文化立场,立足于当代中国的文化发展现状,思考和解决当代中国人关心的文化问题,提出中国的文化方案。

尤其是面对现代化所带来的"城市焦虑"问题,当代中国能否提供新的文化想象作为解决方案?位于上海郊区的奉贤区所塑造的新江南文化和作为生活方式的乡村,不仅为我们联结了历史和现实,承载起乡愁与发展,更为城市中的焦虑个体提供了一种新的生活选择,为上海未来发展绘就了新的图景,为新时代的文化强国建设交出了一份满意的答卷。

---

[1] 习近平:《坚定文化自信,建设社会主义文化强国》,《求是》2019年第12期。

一、留住乡愁：国际化大都市对乡村的心理文化需求

上海是我国改革开放的前沿窗口和以"五个中心"[①]为功能定位的国际大都市，立志于建成卓越的全球城市、具有世界影响力的社会主义现代化国际大都市。上海高楼林立、车水马龙、时尚靓丽，但这只是它的一个侧面。上海郊区仍然存在大片的农田、大量的农业人口，为上海市区的正常运转提供着重要保障。良田美池、屋舍俨然，美丽的田园风光也是上海的一个面相。

2011年，上海市第一产业占GDP的比例仅为0.7%[②]，到2015年更是降至0.4%[③]。农业在上海城市经济中的比重如此之低，从经济角度出发，也许会有人提出这样的建议："作为国际大都市的上海，应该取消农村！将农村的土地转移到更能产生经济价值的领域中去。"但事实并非如此。经济增长绝不是大城市发展的唯一目的，经济功能不能也无法取代文化功能对于大城市的价值和意义。一个城市要吸引人，不仅仅在于城市所提供的新潮、便捷、体贴、有安全保障的工作与生活方式。城市的真正魅力在于每一个城市在历史记忆、空间景观、市井烟火中锻造出的特有的精神

[①] 五个中心是指国际经济中心、国际金融中心、国际贸易中心、国际航运中心、科技创新中心。

[②] 《2011年上海市国民经济和社会发展统计公报》(2012年2月23日)，上海市统计局网站，http://tjj.sh.gov.cn/tjgb/20120223/0014-239488.html，最后浏览日期：2022年3月15日。

[③] 《2015年上海市国民经济和社会发展统计公报》(2016年2月28日)，上海市统计局网站，http://tjj.sh.gov.cn/tjgb/20160228/0014-287258.html，最后浏览日期：2022年3月15日。

品格与气质形象。它们既是城市的灵魂,也构成了乡愁的核心要素。这种精气神于首都北京体现为"爱国、创新、包容、厚德"的城市精神,在"魔都"上海则表现为"海纳百川、追求卓越、开明睿智、大气谦和"的城市精神和"开放、创新、包容"的城市品格,在山城重庆则产生了"登高涉远、负重自强"的城市精神。这些宝贵的历史记忆、文化遗迹、人文底蕴构成了城市生命的有机组成部分。如果文化底蕴和历史记忆丢掉了,民众与城市的有机联结被破坏了,即使城市建得再新再好,也是缺乏生命力的。所以,2019 年初,习近平总书记在北京老城前门东区看望慰问基层干部群众时,说出了这句意味深长的话:"让城市留住记忆,让人们记住乡愁。"① 什么是乡愁,"就是你离开了这个地方会想念这个地方"②。

截至 2020 年底,我国常住人口城镇化率达到 63.89%。③ 几千年来"郁郁林间桑椹紫,芒芒水面稻苗青"的乡土中国,正在经历人类历史上规模最大、速度最快的城镇化进程。如何处理好传统与现代、继承与发展的关系,如何发展好乡村、把乡愁留下,是城市治理绕不开的重要课题。留住乡愁,也是作为国际化大都市的上海仍然需要保留乡村、发展乡村的理由。

在过去几十年的城镇化进程中,乡村受到了较大的冲击。城市区域的扩张要求对农村、山脉、河湖进行改造,随之而来的是环境污染、生态破坏和传统村落的消失。如前几章所述,劳动力、技

---

① 陈琳:《习近平在北京看望慰问基层干部群众》,《新京报》,2019 年 2 月 2 日,第 4 版。
② 《习近平的三重乡愁》(2016 年 2 月 2 日),央广网,http://news.cnr.cn/native/gd/20160202/t20160202_521316221.shtml,最后浏览日期:2022 年 3 月 15 日。
③ 王萍萍:《人口总量保持增长 城镇化水平稳步提升》(2022 年 1 月 18 日),国家统计局网站,http://www.stats.gov.cn/ztjc/zthd/lhfw/2022/lh_sjjd/202202/t20220228_1828031.html,最后浏览日期:2022 年 3 月 15 日。

术、资本从农村向城市集中,造成了城乡发展不均衡。大量流动人口难以融入城市社会,千篇一律的高楼大厦、马赛克式的社会孤岛和前半生的乡村体验相割裂,使他们无法建立稳固的社会关系和身份认同。一些农村地区大拆大建,照搬城市小区模式建设新农村,简单用城市元素与风格取代传统民居和田园风光,导致乡土特色和民俗文化流失。当城市的视域遮蔽乡村的旷野,乡村成为被忽视的在场者。城镇化是现代化的必由之路,我们要继续坚定不移地推进城镇化发展,但改变城镇化的方式迫在眉睫。

2013年12月,中央城镇化工作会议在北京举行,会议提出推进城镇化要"依托现有山水脉络等独特风光,让城市融入大自然,让居民望得见山、看得见水、记得住乡愁;要融入现代元素,更要保护和弘扬传统优秀文化,延续城市历史文脉"。[①] 2014年,国务院印发《国家新型城镇化规划(2014—2020年)》,提出随着内外部环境和条件的深刻变化,城镇化必须进入以提升质量为主的转型发展新阶段;要遵循城镇化发展规律,走中国特色新型城镇化道路。新型城镇化要求"文化传承,彰显特色"[②],要根据不同地区的自然历史文化禀赋,发展有历史记忆、文化脉络、地域风貌、民族特点的美丽城镇;把城市建设成为历史底蕴厚重、时代特色鲜明的人文魅力空间;注重在旧城改造中保护历史文化遗产、民族文化风格和传统风貌,促进功能提升与文化文物保护相结合;加强历史文化名城名镇、历史文化街区资源挖掘和文化生态的整体保护,传承和弘扬优秀传统文化,推动地方特色文化发展,保存城市文化记忆。

---

① 《中央城镇化工作会议在北京举行》,《人民日报》,2013年12月15日,第1版。
② 《国家新型城镇化规划(2014—2020年)》指出,新型城镇化需要遵循七条基本原则:以人为本,公平共享;四化同步,统筹城乡;优化布局,集约高效;生态文明,绿色低碳;文化传承,彰显特色;市场主导,政府引导;统筹规划,分类指导。

新型城镇化要求城市和乡村的发展齐头并进;城市不仅是经济繁荣的城市,也是拥有人文精神、历史记忆、文化特色的城市。乡村因其"相对落后"的发展进程仍保留了部分前工业时代的传统建筑、生活方式、文化习俗,而这恰恰为城市建设提供了独特的文化资源。

首先,乡村承载着"迁徙者"的乡愁。改革开放以来,中国大地上发生了剧烈的社会变迁和广泛的人口空间流动。庞大的人群为了生活从乡村涌入城市,但却无法割舍对乡村的牵挂——对成长之地风土人情的眷恋,童年时期呼朋引伴的悠闲岁月……乡村,保存着质朴的风貌,是数辈人生于斯长于斯的热土,珍藏着一个时代的昨日回忆。

其次,乡村回应着现代社会的乡愁。当现代化把人抛入必须应付一切生存发展事物的紧张局促中时,乡村被投影为一种静谧悠远的"田园牧歌式的想象",以田园生活的自然心性安抚了城市化和工业化中蔓延的压力与欲望。同时,乡愁是对自身存在的认同与体验。在不确定性的洪流中,乡村是还未被卷入的安全岛,为快速变化的世界提供了一个稳定与持续的锚点,满足人们对于家园和归属感的精神渴望。

最后,乡村寄托着中华民族的乡愁。《乡村振兴战略规划(2018—2022年)》指出,中华文明根植于农耕文化,乡村是中华文明的基本载体。过去几千年,中华文化在乡野大地上生生不息。乡村共同体延续了传统伦理和道德文化:"德业相劝,过失相规,礼俗相交,患难相恤",《吕氏乡约》践行礼学精神化民成俗,使孔孟之道、心性义理成为鲜活的生活图景。乡村的自然风景、民居建筑、生活方式构成了中华美学的独特内涵,"开轩面场圃,把酒话桑麻",文人文化以田园、农村和自然为核心,通过诗歌、书法、绘画的形式表现自然的节律,充实着中国美学的厚度。① 乡村还凝结着世世代代的劳动智慧。"二十四节气"、养蚕缫丝、捕鱼织网,农村的田亩中积蓄着无数辈人的汗水,形成了各具特色的民风民俗和博大的中国智慧。自 19 世纪中叶以来,西方文化冲击中国文化,工业文明取代农耕文明,传统文化的延续日益艰难;是乡村以其农耕生活为载体,贮藏着中华传统文化的基因,连接历史与现在,并为未来提供动力。传统村落是农耕文明不可再生的文化遗产,它凝聚着民族的精神,是维系华夏子孙文化认同的纽带,是民族文化繁荣发展的根基。

乡村不是城市黯淡的边缘,乡村和城市共同构成了当代生活的文化内涵。在城市的忙碌、喧闹之外,乡村的宁静、悠远构成了生活的另一种面向。它是居住在城市里的迁徙者聊以慰藉的旧梦,是迷失在快节奏里的人用来寄托想象的桃源。当城市被现代病症缠上,乡村以其未被浸染的"天真"反而变成某种疗愈的审美处方。② 乡村与城镇只有互促互进,才能共生共存。新型城镇化既要看得到繁华的城镇,也要望得见美丽的乡村。守住乡村,才能回应时代巨变后群体性的"乡愁",保存中华文化的根脉,实现传承与发展。

二、传统与现代交融:作为生产生活方式的乡村

40 年高速城市化带来了中国社会的巨大变革,正迈向建设社会主义现代化国家新征程的中国肩负着推动中华文明实现新飞跃的历史重任。我们不仅要破旧,还要立新,在建构社会发展新秩序

---

① 冯川:《半城半乡:当代中国城乡关系发展模式再审视》,《中共宁波市委党校学报》2021 年第 3 期。
② 向丽:《怀旧・乡愁・乌托邦——中国艺术乡建的三重面向》,《民族艺术》2021 年第 3 期。

中确立中国人的文化主体性。处于快速变迁社会中的中国人,在物质经济发展中获得巨大满足的同时,面对的却是精神世界的空虚与紧张:首先是快节奏、强压力、高竞争的现代社会带来的劳动异化、精神异化消解着个体的存在意义和价值;其次是在安土重迁的农业社会中发展出的人际关系与相处模式难以适应当前人口的"高流动性"塑造出的"迁徙中国";最后是现代的多元价值所带来的身份认同的碎片化,削弱了社会整合的认同基础,个体身份在"脱嵌"后难以再嵌入市场经济主导的新结构之中。原因何在?这源于现代社会区别于传统社会的一个最为根本的特质,即:"它在一个传统社会无法比拟的更为广阔和开放的空间中,使异质性、分歧性和冲突性前所未有地凸显出来,从而使回应'如何在分歧中寻求共同生活之道'变得空前复杂和严峻。"①

面对这样的危机,传统的"从熟悉中得到信任"②的乡村及其文明值得我们认真对待。虽然乡村是一种前现代的生产生活空间,但作为农业文明的产物,其最大的特点在于对自然规律的深刻认识与敬畏,人与环境、人与自然和谐发展的理念与生态智慧渗透于乡村生产生活的方方面面。所以,我们应该跳出现代化竖起的藩篱,立足于作为现代化"他者"的乡村来反思未来的道路。发展乡村、振兴乡村不仅是一个经济问题,其更大的意义在于"对社会问题的反思,是对现代性实践流动性、多变性、快速化的抗拒和对多元、个性化生活的憧憬"③。在当下,立足于乡村,为的是让中国

---

① 贺来:《在"异质性"中寻求"共同生活"之道——当代政治哲学重大的现代性课题》,《天津社会科学》2021 年第 5 期。
② 费孝通:《乡土中国》,北京出版社 2005 年版,第 1—9 页。
③ 曾天雄、曾鹰:《当代新"乡愁观"的三个维度》,《光明日报》,2016 年 1 月 7 日,第 16 版。

人找到一条平衡现代化发展与传统文化价值的新模式,这对于拓展中国式现代化新道路,建立人类文明新样态意义十分重大。

目前,许多地区进行了有益的探索。例如江苏省张家港永联村发挥钢铁产业优势,带动金融投资、物流、建筑、旅游等产业发展,"以工业化、产业化带动牵引农村的城镇化,进而实现农业农村的现代化";安徽合肥的"三瓜公社"则借助互联网的东风,走出了一条"电商特色产业发展之路",形成了集一二三产业与农旅相结合的"美丽乡村"发展系统;浙江则利用绿水青山的生态优势,发展出以莫干山为代表的"民宿发展模式"和以乌村为代表的"一价全包精品民宿度假模式"。这些尝试通过因地制宜、发挥比较优势,在产业发展、基础设施改善、乡村治理、民生保障等方面起到了积极效果,也极大地提高了广大农村群众的生活水平。但问题在于,这些模式在很大程度上仍然以现代的、GDP至上的逻辑来重塑乡村的空间结构、生产关系和人际网络,传统的乡土文明成了一个需要被改造的对象,丧失了在现代乡村社会存在的正当性。当然,很多以古建筑、民俗文化为旅游吸引物的发展模式也强调对传统乡土文化的重视与保护。但在这里,传统文化更多地成了"橱窗"中的展示物,古镇村落变成传统文化符号堆积起来的游乐园,实际上与乡土的现实生活也是割裂的。我们需要明白:"乡村文化复兴是一种有别于城市化的乡村现代化方式,需要倡导一种尊重乡村文化的本体地位以及和城市文化的相互支撑与补充的共在。"[①]

那么如何在乡村中实现现代与传统的融合发展,建立现代的、生活的乡土文明呢?上海市奉贤区在乡村振兴中的实践起到了先

---

① 范玉刚:《乡村文化复兴要有对乡土文明的敬畏》,《学习时报》,2020年1月3日,第12版。

行先试的示范效应。奉贤以"新江南文化"为指引,以"新江南好家风、新江南美乡村"为路径,打造出一种作为生活方式的农村新样态。

(一) 以新江南文化引领农村精神文明建设,培育奉贤的新江南好家风

加强农村精神文明建设,是全面推进乡村振兴的重要内容。在中央农村工作会议上,习近平总书记强调要加强社会主义精神文明建设,加强农村思想道德建设,弘扬和践行社会主义核心价值观,普及科学知识,推进农村移风易俗,推动形成文明乡风、良好家风、淳朴民风。[①]"敬奉贤人、见贤思齐"的特色地域文化,正好为奉贤在乡村振兴中加强精神文明建设提供了文化滋养。一直以来,奉贤在乡村振兴实践中紧扣践行社会主义核心价值观,大力推进精神文明建设,大力弘扬"贤文化",不断深化农村"星级户"、社区文明家庭创评活动,广泛开展"传承好家训,培育好家风"工作,以家训带家风,以家风扬民风,以民风促城市文明,全力构建向善向上的良好社会氛围。2017年3月5日,习近平总书记参加上海代表团审议时,询问奉贤区"奉贤"之含义,肯定家风、村风与民风建设。2018年以来,奉贤更进一步将"好家风好家训"作为精神文明建设的重要内容,在年度美育修身重点工作和百场活动中予以体现,并将"新江南好家风"确立为新江南文化的重要组成部分,吸引全奉贤人民广泛参与,提升家庭之美。

"好家训好家风"活动最开始是一项源于民间的群众性文化活动。为了提升凝聚力、增进认同感,并引领村民文明素养的提升,

---

① 张贺、郑海鸥、刘阳、王珏:《文明之光闪耀新时代》,《人民日报》,2022年2月28日,第1版。

自 2006 年起，南桥镇杨王村"两委"发动全体村民写家训，并把征集的家训进行展示、评选。评议家训的过程成为村民相互学习、交流、借鉴的过程，村民的文明程度也在学习中不断提升。首轮家训征集后，杨王村党委统一制作了家训牌，放在村民家中醒目位置，鞭策警醒村民自律。2013 年第二轮家训征集后，杨王村党委把完善后的家训连同"星级户"评星情况、"党员之家"标识一起制作成展示板，挂在各家的门口，接受村民的监督和评议。好家风带动了向善向上的民风村风，有力推动了杨王村社会经济各项事业的发展。该村荣获"全国文明村""全国民主法治示范村"等十余项国家级荣誉称号。

在杨王村经验的带动下，奉贤区于 2013 年在全区开展了"好家训好家风"活动，在各行各业、不同人群中征集家风家训故事，找回"贤文化"传统。从活动一开始，奉贤区就突出"新江南好家风"建设的群众参与性，强调"从群众中来，到群众中去"，认真做好"全民参与、全员践行"顶层设计。

一是发掘传统节庆资源引导群众参与。传统节庆本身就包含许多家训家风的内涵，是一种十分难得的文化教育资源。奉贤区以传统节日为载体，引导群众参与"好家训好家风"活动。奉贤区以多元方式推广全国文明村杨王村的经验，例如：把村民家训内容融入写春联活动，引导村民把家训写成春联张贴；开展"我们的节日·元宵"观灯活动，把家训内容写进花灯，让村民在看花灯、猜灯谜的同时感受家训，让"好家训好家风"活动融入百姓寻常生活，可亲可近可行。

二是开展丰富多彩的活动引导群众参与。奉贤从区、镇、村三个层面开展"传承好家训、培育好家风、弘扬'贤文化'、共筑'中国梦'——好家训、治家格言、家风小故事"征集活动，开通了"好家风"培育工作网络平台，各单位可通过该平台实现材料电子化、网络化、数字化,达到资源互联共享目的,形成了家家户户写家训、晒家训、议家训的浓厚氛围。同时还动员各文艺团队,取材好家训治家格言和好家风小故事,创作寓教于乐、群众所喜闻乐见的节目,结合《我们的节日》《三下乡》《相约滨海之夏》等各类演出进行宣传展示,并广泛开展"家庭美德进万家""贤城好婆媳""家庭教育宣传周"等活动,营造和睦温馨的家庭氛围。

三是搭建向上向善道德平台推动群众践行。依托文明机关、文明村镇、星级文明户等文明系列创建活动推动"好家训好家风"培育,发挥文明创建先进单位的示范带动作用;结合文明家庭达标创建"百千万"工程,进一步推进家庭道德建设。将"好家训好家风"培育纳入机关干部职工思想道德建设经常性活动,与道德讲堂宣讲结合;纳入未成年人思想道德建设内容,与校园文化建设相结合。通过社区教育"三校一堂"[①]、农家会所和睦邻课堂等多途径推进,组建区、镇、居民区三级微宣讲讲师团,开展"好家风"微宣讲活动。让广大市民在实践中感悟文明、培育家风,切实推进全区家风民风的向善向好。

在此基础之上,奉贤进一步在社会影响力强的党员领导干部、社会公众人物、成年人中持续推进"好家训好家风"建设,让党员干部带动基层群众,让成年人带动未成年人,让"新江南好家风"在全社会蔚然成风。具体而言,奉贤区在实践中较为有效且有特色的做法如下。

总结推广杨王村经验,推动村风民风和乡村治理。例如,位于奉贤区奉城镇经济园区中心的高桥村是外来务工人员聚居区。通过学习杨王村的经验,高桥村党总支在抓好本地居民的"好家训好

---

① 即市民学校、村民学校、职工学校和宅基课堂,是奉贤区社区教育的重要载体。

家风"活动同时,通过建立来奉人员服务管理委员会和党支部,在外来人群中开展好家风培育活动,推动居民自治和德治。开展乐于助人、孝敬长辈、邻里和睦等传统优秀文化的宣讲,将心比心,让外来人员视奉贤为第二故乡,拆除曾因不熟悉地方历史文化、民俗习惯,与本地居民一度存在的"无形心墙"。

总结推广锦梓家园"妇女之家"经验,探索"好家训好家风"推动家庭建设。锦梓家园第一居委会发挥妇女在家庭美德、树立良好家风方面的独特作用,推动了111户家庭晒治家格言、展家风故事,运用道德讲堂宣讲好家风小故事,诵读优秀家训。鼓励居民将家训装入镜框或者制作成书法作品,放在家中醒目位置,以家训为座右铭,时常鞭策市民自律。

总结推广古镇家风培育经验,探索"好家训好家风"推动地方文化建设。"好家训好家风"活动是从"家"出发的,如何让好家风从家庭单元辐射到单位到地区,进而覆盖到全社会,通过家庭美德教育,提高公民道德素养,促进地区社会文明进步,是奉贤"好家训好家风"培育活动关注的重点。庄行镇是有600多年历史的古镇,有重家训、传家风的良好传统。庄行镇在古镇一条街进行保护性开发,使庄行土布在成功申遗的基础上,通过"庄行故事会"这一群众性思想教育品牌,让村民讲自己家里事、学身边典型人,通过宅基课堂、村民学校等载体,广泛开展评家训、议家风等活动。

总结推广机关团体先进经验,探索"好家训好家风"培育推动党风政风行风建设。好家风不仅提升公民个人的道德修养,同时也影响和推动党风政风行风以及社会风气建设。在"好家训好家风"培育工作中,上海市公安局奉贤分局以奉贤公安警嫂"清风"俱乐部为抓手,积极发挥民警家庭助廉作用,当好贤内助,大力加强队伍廉政建设。作为上海市首个警嫂俱乐部,其经验做法在全市得到推广。公安部领导对此作出专门批示:"这是上海的创造。"①

总结推广奉贤中学传承教育经验,探索"好家训好家风"推动未成年人思想道德建设。从一定程度上讲,让"好家训好家风"活动转化为未成年人的思想道德建设自觉行动,是实现"好家训好家风"培育活动的社会主义核心价值观建设的根本所在,也是衡量这一活动成效的基本标志。百年历史名校奉贤中学通过传统文化节、校本课程——"育贤通识讲座"、家长学校、校训教育等活动平台,开展形式多样的教育,引导学生秉承优秀家训、传承校训校风,争做优秀小公民,用"好家训好家风"促进学校德育建设。

开展"好家训好家风"活动、培育奉贤"新江南好家风",旨在提高市民的文明素养、提升区域精神文明建设水平,促进区域经济社会事业发展,在实践中也取得了如下三个方面的良好成效。

一是构建精神文明建设群众化工作机制。奉贤区将"好家训好家风"活动纳入文明创建整体框架,与文明家庭达标创建、"星级文明户"等创建有机结合。因地制宜、因人制宜、因时制宜,将大主题转化为"小故事",将大社会转化为"小舞台",把大道理寓于群众和经验感悟之中,实现典型引领常态化、过程化,使典型效应发展成为群体效应、社会效应。比如,"全国孝亲敬老之星"的周丽娟,从高中时代起一直到如今成为一家建筑公司副总经理,12年如一日,坚持照料敬老院老人,不是亲人胜似亲人,近年来成立了"周丽娟志愿者服务队",70多名志愿者定期为社区独居老人、空巢老人和困难群体服务,在奉贤形成了一股敬老爱老的"时尚之风"。

二是建立干部道德培养考核机制。运用好家风培育成果推进

---

① 咸明:《"好家风"为创城注入文明基因》,《奉贤报》,2016年5月10日,第6版。

领导干部道德品行建设是奉贤区一直关注和探索的重点。区委组织部围绕好家风培育体现干部道德品行建设的特点,将家庭美德纳入干部选拔评价标准,把孝敬父母、教育子女、夫妻恩爱作为干部选拔的硬约束,将干部考察延伸到干部在家庭和社区日常生活中的品德表现,推动社会公德、家庭美德、个人品德同步提升。

三是形成群贤毕至、人尽其才、和谐相处的社会发展机制。好家风的培育,彰显了敬奉贤人、见贤思齐的"贤文化"精神,营造了"广纳贤才,群贤毕至"的人才环境。在有关部门的支持下,奉贤建成了全国第一个千人计划创业园,营造了创业干事环境。一大批在海内外事业有成的青年博士、科技带头人,落户扎根奉贤创业发展,涌现了一大批国家、上海市级青年科技领军人物和创业人才。扎根奉贤乡村教育20多年的上海市德育特级教师施建英认为,自己的发展正是得益于奉贤这片热土,是"奉贤教育给予了学校跨越式发展的最有力保障,也给像我一样的基层老师搭建了一个个稳步前行的平台",她说"幸福是在奉贤'自然、活力、和润'下生长,是在金汇'三生三美'中滋养。"①一大批优秀乡贤回到奉贤,热心公益事业,推进乡村治理,引领了乡风民风,促进了村民和谐相处。

(二)以新江南文化创造乡村空间蝶化新样式,建设奉贤的新江南美乡村

生态宜居、文化宜人的新乡村,是乡愁得以安放的基础。在中央农村工作会议上,习近平总书记强调,"要实施乡村建设行动,继续把公共基础设施建设的重点放在农村,在推进城乡基本公共服务均等化上持续发力,注重加强普惠性、兜底性、基础性民生建设。

---

① 施建英:《我和奉贤教育共成长》(2021年4月6日),东方网,http://j.eastday.com/p/161770147177010826,最后浏览日期:2022年5月14日。

要接续推进农村人居环境整治提升行动,重点抓好改厕和污水、垃圾处理。要合理确定村庄布局分类,注重保护传统村落和乡村特色风貌,加强分类指导。"①奉贤也牢牢把握自身作为"海滨江南"的生态优势,在乡村振兴中借助新江南文化创造出乡村空间蝶化新样式。

习近平总书记一向强调建设美丽乡村,要"因地制宜、精准施策",不搞"政绩工程""形象工程",一件事情接着一件事情办,一年接着一年干,让广大农民在乡村振兴中有更多获得感、幸福感。② 奉贤在乡村建设中重塑江南水乡风景如画的村貌景致,奋力打造具有上海特色的乡村振兴示范样板,力求在乡村改造中,不仅要有能看得见的发展,也不能忘记乡愁,以"十字水街、田字绿廊,九宫格里看天下,一朝梦回五千年"为发展意向,保留古树、古桥、古建筑、古村落,体现一川烟雨、万家灯火的江南特色,实现传统与现代握手、古朴与时尚对话。

1. 新江南乡村,关键要凸显生态之美

碧水、蓝天、净土是建好新江南美乡村的生态之基。奉贤立足实际,突出重点,创新实践,结合全国文明城区创建工作和新一轮"和美宅基"创建工作,全方位、全域式开展农村人居环境整治工作,为推进落实"奉贤美、奉贤强"、实施乡村振兴战略上好亮丽底色。

一是上下齐心,突出"四治"抓成效。"四治"即坚持以治"脏"、治"污"、治"破"、治"差"为重点,开展全域整治。在实践中,奉贤强

---

① 《坚持把解决好"三农"问题作为全党工作重中之重 促进农业高质高效乡村宜居宜业农民富裕富足》,《光明日报》,2020年12月30日,第1版。
② 《建设好生态宜居的美丽乡村 让广大农民有更多获得感幸福感》,《光明日报》,2018年4月24日,第1版。

化组织领导,坚持高位推动,奉贤区政府主要领导、分管领导多次召开推进专题会议进行动员部署,为农村人居环境整治工作开展提供了强有力的支持。全区各街镇、各职能部门协同配合,细化分工,合理安排,确保了各项建设工作有条不紊地推进。

为了治"脏"、治"污",2020年,奉贤区持续开展农村工业固废偷埋、偷倒点整治,推进工业固废收运处置体系建设,继续推进农村生活垃圾分类达标,基本完成生活垃圾分类收运体系建设。对此,奉贤区积极开展如下工作:推进农村生活污水处理工作,完成10000户农村生活污水处理;全面实施"消除劣五类水体"行动,全区完成消劣河道343条;严格落实秸秆禁烧,连续三年未发生违反秸秆禁烧规定的事件;健全农药包装废弃物回收处置体系,实现农药包装废弃物回收率100%。

为了治"破",治"差",2020年,奉贤区重点聚焦80个农村人居环境整治村,开展农村人居环境整治工作,同时整镇制、全域式开展村庄清洁行动。全面推进违法建筑治理,2019年底全区12个街镇全部通过市"无违建先进街镇"验收,在市郊率先实现了"无违创建"全面通过。启动新一轮"生态村组·和美宅基"创建,将农村人居环境整治项目纳入村务公开目录,结合"美丽约定"工作,完善实施流程和方案。

二是群策群力,村民参与是关键。村民是农村人居环境的建设者、受益者和维护者,农村人居环境整治,离不开村民群众的积极参与。自农村人居环境整治工作开展起,在奉贤区的各镇、村中常能看到当地干群忙碌的身影。

例如,在奉城镇白衣聚村,每周四,村委干部和青年志愿者开展"美丽家园活动";每月15日,则是村里的党员队伍带头开展义务劳动。宣传垃圾分类、清理宅基垃圾、打扫公共卫生……村干部、党员主动带头,村民群众积极参与,白衣聚村的村容村貌得到了有效的提升,村民的满意度和获得感也有了较大的提高。

再如,在南桥镇光明村,宣传讲座、文艺演出、宅基课堂等多种宣传教育及活动形式,引导村民爱护环境,维护家园整洁面貌、垃圾分类投放等意识。村里组织志愿者入户宣传发放宣传册、告知书,利用宣传大喇叭进行常态化巡村播放,以增强群众对创建美丽人居环境的知晓率。

开展农村人居环境整治,不仅美化了环境,改变了村貌,也带动了越来越多的村民群众主动加入打造美丽家园的队伍。四团镇横桥村的一条路两边杂草清理干净后留下了空地,村里的八旬老人池世根看到后自告奋勇地义务种起了花。这里也成了村民散步、晨练的好去处。

三是久久为功,管护机制长效化。奉贤区把改善农村人居环境作为乡村振兴的"基础工程、底色工程",因地制宜地开展长效管护工作。根据村庄清洁行动的要求,尤其是2021年结合新冠疫情防控的最新要求,奉贤区各街、镇结合春节、清明、五一、端午等重要节日,开展"春季战役"和"夏季百日专项"活动,发动各村农户积极开展各类村庄清洁行动,并结合"美丽乡村·美丽约定"等村规民约建设,将日常考评结果与村级福利挂钩,逐步让村民养成自觉维护宅前屋后环境卫生的良好习惯。

为强化督查考核,奉贤区农业农村委党政领导班子率先实行分工包干负责制度,走访检查各村农村人居环境整治工作。区农业农村委依托339名"三农"工作联系指导员,组建8支"啄木鸟"队伍前往全区170个村采取实地随机查看、台账查阅和群众走访等形式,专项检查梳理问题。各街、镇则针对村庄公共环境、宅前屋后整治、农村垃圾处理、生活污水处置、村内道路建设以及水环境治理等重点内容进行交叉专项检查。"督查—整改—提升—美化—长效管理"机制逐步建立完善,进而整体提升了全区农村人居环境整治水平。

各街镇还因地制宜地建立和完善农村人居环境整治工作以及村庄清洁行动的体制机制,通过自发组织人员或政府购买服务,镇级管理统筹等多种方式,创建长效管护机制,不断提高人居环境整治综合效果。

"十三五"规划以来,奉贤区深入推进生态文明建设,牢固树立"绿水青山就是金山银山"的理念,全力推进"蓝天保卫战""碧水保卫战""净土保卫战",创造性地提出打造"水天一色"美丽奉贤的建设目标,通过滚动实施三年行动计划、落实环保督察整改等重点工作,夯实生态文明建设平台,为全区百姓提供良好的生态产品和环境资源,真正让群众感受到环境质量的改善。现在的奉贤,是树的世界、花的海洋、鸟的天堂、云的故乡、人的乐园,唯美秀丽又充满生机。

2. 新江南乡村,重点是打造文化之美

一条老街、一处名胜,一个传说、一桩轶事,既是一座城市独一无二的印记,更是一座城市的精髓和软实力所在。合理把握城市的本底和素材是延续其魅力的关键。"风貌资源是城市规划设计的本底与素材,保护好这些'家底',才能留住奉贤的根与魂。"[1]

奉贤坚持以规划引领,延伸乡村风貌的文化内涵。具体而言,奉贤区遵循乡村发展的自身规律,保留和保护村庄的肌理,对乡村的发展脉络开展精细化的梳理,挖掘出奉贤特有的风貌内涵;力求将大都市乡村和江南水乡的气质相协调,将自然田园风光和未经

---

[1] 丁玲:《打造"新江南文化"的奉贤样板》,《中国建设报》,2021年11月8日,第2版。

雕琢的乡土风情相协调，努力建成具有新江南水乡特色的美丽家园和海派田园特色的美丽乡村。在实践中，奉贤以独具特色的"一座合院""一条老街""一串项链"为重点，以生动的建筑语言和规划品味挖掘、重塑新江南文化，凝练城市特色，留下城市"记忆"，擦亮城市"底色"，让一幅精美绝伦的"水墨画"在奉贤新城徐徐展开。

一座"合院"重塑江南建筑的青春活力。近年来，奉贤区将总部经济作为乡村振兴的抓手，吸引优质企业将总部建设在乡村。作为上市企业总部的乡村基地，英科中心是这一模式的创新案例。英科再生是一家从事塑料再生利用的高科技制造商。奉贤乡村典型的传统建筑形制，即清代起在上海地区盛行的绞圈房，是由四座单层双坡顶建筑围成的合院宅。与北方四合院不同的是，绞圈房合院用正中的"墙门间"（过厅）形成入口，并纯用四面建筑及其檐廊围合"庭心"。而英科中心总部的设计则在"纹圈房"的形制基础上进行了创新，打造了一个别具匠心的"玻璃合院"。它的原址为一幢五开间双层歇山顶建筑，建于20世纪90年代，由于年久失修已不复使用，但地理位置绝佳，百川纳江，基地北侧与西侧均有浦江支流流过，周围林木茂盛，幽影僻静。这座新型合院也采用四个建筑单元围合中庭的结构，但整个合院外圈由半透明院墙构成。四颗角柱向外伸出枝杈，支撑在外圈连接的四片索网桁架，表面悬挂三角形的风动叶片。镜面氧化铝叶片倒角卷起，随风闪动，如树叶在微风中颤动。每天清晨，在江水的雾气中，玻璃合院犹如闪闪发光的宝石，镶嵌在翠绿的浦江南岸。设计师结合传统民居和企业文化，调整了北侧支流的岸线，并将河水净化后引入场地，给整座建筑提供了一个聚水的基座，在其中建造这座新型的合院。吸纳传统文化的精髓，但又不拘一格、汇集古今文化元素，英科中心正代表奉贤乡村"宝藏地标"的优秀案例，演绎着新江南文化的独特魅力。

一条"老街"唤醒江南商业的繁华记忆。"一川烟雨"项目是奉贤打造"新江南文化"最重要的主画卷,是上海奉贤提出的城市乡村空间蝶化战略的集大成"品牌",包括位于庄行镇的"冷江雨巷"、南桥镇的"良渚江海"、青村镇的"青春港湾"等多个工程。在它起点的庄行镇,最著名的景点莫过于有600多年历史的庄行老街。在新的规划中,庄行老街有了一个富有诗意的新名字——"冷江雨巷"。这条长约1 000多米老街,是奉贤区保存较好、富有江南水乡神韵的明清建筑一条街。在老街上生活的100余户居民中,多数还是土生土长的本地人,保持着富有烟火气的传统生活方式,因此它也被称为"活着的老街"。

正在建设的"冷江雨巷",作为未来老街及其周边片区的新形态进行打造,希望改善当地百姓的生活环境,同时形成特色的产业空间,从而带动周边城乡发展。庄行镇的一位负责人表示:"我们将深入开展冷江雨巷文化研究,从古镇历史沿革、文风名贤、建筑遗存等方面,挖掘和梳理历史文脉,提炼古镇特色,加强对历史文物点位的保护,并与城乡建设、产业发展深度结合,修复和传承古镇文化基因。"①

根据规划,庄行老街未来将进一步优化路网布局,提升道路连通性,实现区域内全系贯通,复合设置各项社区功能,打造"冷江雨巷"门户品牌,建设靓丽开放的公共空间。让"建筑可以阅读,街区适合漫步,城市始终有温度"②在"冷江雨巷"得到完美诠释。

正在建设的"冷江雨巷"首发区内,不光有一条老街,还包括老

---

① 李一能:《新江南文化的奉贤样板》,《奉贤报》,2021年10月29日,第1版。
② 程名望:《美好的城市是有温度的》,《新民晚报》,2017年6月3日,第3版。

街南部的一个总部区域和一个园区。奉贤区将在这些空间内,为企业量身打造江南风格的院落建筑,未来的老街及周边,有望逐步形成以新经济产业为内核、江南风情为外部特征的新型商业办公集聚区。

一串"项链"串联江南生活的别样景致。"一川烟雨"以浦南运河为核心,西起龙泉港东至二泐港,长约38.7千米,途经1个主城区(奉贤新城)、3个历史风貌保护区(庄行南桥塘、青村港、奉城老城厢)、5个镇(庄行镇、南桥镇、青村镇、奉城镇、四团镇)及其成片郊野地区。其中,最具创意与新意的方案,就是沿线拟选址建设的"五港十七渡",重新将水生态岸线打通成为生活岸线、生产岸线。

在规划中,"一川烟雨"将结合现有人文、自然景观元素,梳理现有水塘、河浜,增加生态湖面和湿地,有机串联江南古镇文化遗存,以"三园一总部""农艺公园"为契机,通过"古镇复兴、乡村振兴、园区更新、环境整治"等方式,打造具有现代江南水乡特色,集水岸经济、水岸文化、水上交通于一体的滨水空间,形成一条独具特色的水上数字经济带。

从庄行镇到奉贤新城,最后到四团镇,17个渡口、港口如同一颗颗珍珠,被浦南运河串联成链。这条"珍珠链"将结合周边不同主题整体谋划,有机串联新城、古镇、园区、郊野各个节点,形成各具特色又相对统一的景观风光。根据规划,奉贤区将开设水上"观光巴士",开辟"运河+古镇+新城"模式的"一川烟雨"水上游览线路,进一步融合水上生活场景,打造极具海派风格的水上休闲生活新风尚,尽览奉贤版"一江一河"别样景致。

同时,通过河道岸线贯通提升、集中水域建设、滨水空间打造等措施,构建生态岸线,改善环境品质,挖掘水文化,以良好的环境带动城区品质的提升和改造,从而吸引高素质人口,提升区域品位和投资环境,成为构建水岸经济活力区、古镇新城新典范。

近年来,奉贤区以人为本,不断加强对新江南文化等要素的设计。在新城的总体规划中,强调了以水为魂、以绿为基,并以此凸显河湖密布、绿荫盈野的江南水乡韵味;也秉承了崇文重教的传统,强化了对于教育、文化等公共文化设施的规划;在对建筑形态、建筑色彩的引导上,也提出对于"黑白灰"、"轻秀雅"、错落有致、诗意婉约这种意象的遵循。无论是十字水街、田字绿廊的生态格局,还是百座公园的建设,都不失为对草长莺飞的江南景致的刻画。九棵树未来艺术中心、奉贤区城市博物馆等,或置身林中,或滨水而建,践行了建筑与自然融合的理念。而在产业上,发端于美容化妆品的"东方美谷"似乎也折射出"江南脂粉地"的旧影,而奉贤打造的"买全球、卖全球"的消费之城品牌,更是对"江南自古繁华地"的一种延续。

三、承载乡愁与发展:新江南文化的新时代意义

江南,让人们联想到春水连天、画船听雨,联想到风花雪月、繁华水乡。从古至今,中国人对理想生活的向往,都折叠在"江南"这两个字里。从江南文化到新江南文化,时代在变,但对美好生活的追求没有变。如何在发展中留住乡愁,推动江南文化的新时代转型? 上海市奉贤区在乡村振兴的实践中,以新江南文化为文化支撑,发展出打造作为生活方式的农村新样态的方法论,展现出新江南文化开放包容、锐意进取、敢为人先的时代特征,对于上海打造江南文化品牌、更好发挥长三角一体化龙头作用,对于中国提升文化自信、实现复兴伟业,意义重大。

（一）何以江南：联结历史与现实的江南文化

江南，集中了中国人对于美好的全部想象。"杏花、烟雨"中的江南，有"阊门晓严旗鼓出，皋桥夕闹船舫回"的繁华富丽，有"盈握之器，足以当终岁之耕；累寸之华，足以当终岁之织"的精致优雅，有"绿水芙蓉衣"的佳人，有"一箫一剑平生意"的才子。韦庄晚年客蜀，仍不忘早年的江南旧旅，称道"人人尽说江南好，游人只合江南老"。江南成为中国人心目中理想的栖居地、世外桃源般的胜地和象征。

由此，江南形成了一种独特的区域文化。学术界对此有多种各能自洽的概括。王战教授认为，江南文化作为中国文化的第三个高地，借助"远距离商业发展造就'信义仁智礼'的品德，进而形成了'士商工农'的人生价值观"①。朱庆葆教授认为，江南文化的核心内涵与价值主要体现在以下三个方面："一是开放包容，敢为人先，这是江南文化的鲜明特征；二是崇文重教，精益求精，这是江南经济社会持续快速发展的动因所在；三是尚德务实，义利并举，江南文化在义与利的关系上更强调义利兼顾、先义后利。"②熊月之教授则认为务实是江南文化一个鲜明特点，江南文化重在"讲实学、办实事、重实效、求实惠。自明清时期至近现代工商业的发展，江南人重视物质生活的特点，精明能干形象的形成，科举人才、科技人才的大批涌现，都是江南文化务实精神的重要体现"③。

江南文化在历史赋予的机缘中发展演变，融华夏文明的千年智慧于其中。对于今天的中国，江南文化为何重要？因为江南文

---

① 王战：《江南文化的当代价值》，《文汇报》，2019 年 4 月 9 日，第 7 版。
② 朱庆葆：《江南文化的三个核心内涵》，《文汇报》，2019 年 4 月 9 日，第 7 版。
③ 熊月之：《略论江南文化的务实精神》，《华东师范大学学报》（哲学社会科学版）2011 年第 3 期。

化就像一座桥。"我们可以通过江南的文化连通古典的中国和现代的中国,连通大众文化的中国和精英文化的中国,连通城市的文明和乡村的文明。通过江南文化,我们可以走过去看古典文化的风景,也可以走过来看现代文明的风景。如果没有江南文化这座桥,那么我们和古人之间也许会有一道很深的鸿沟,让我们今人不能理解古人。因为江南文化就是我们本乡本土的文化,就是我们这里的生活,就是我们的父辈和祖辈的文化。我们可以通过非物质文化遗产、通过江南古典的建筑、通过吴侬软语,把中国文化传统的血脉连通起来,并且落地生根。"①

当然,江南文化经历了极为漫长的孕育、诞生、发展、成熟的过程,具有鲜明的时代性、地域性特征。正如梅新林所言,江南文化"通过南北文化的深度融合,实现了由武而文、由刚而柔的历史性转变。但是这种好剑尚武之精神不仅没有真正消失,而且会在重大历史转折中出现周期性的爆发,于是形成了'武—文''刚—柔'的二重变奏。……在江南文化精神亦'剑'亦'箫'的二重演绎中,与时间上先'剑'后'箫'的历史演变相呼应,在空间上则呈现为南'剑'北'箫'的地域差异"②。所以今天的研究不能仅仅着眼于重新发现江南文化,更重要的使命和任务是在传统的基础上,重新提炼江南文化的精神价值与文化内涵,以增加认同感、归属感,增强凝聚力、创造力,从而真正提升植根于本乡本土的文化自信。

江南文化之于奉贤、之于上海,则有更为重大的现实意义。

---

① 胡晓明:《江南文化,不只是风花雪月》(2018 年 10 月 19 日),上海社会科学界联合会网站,http://www.sssa.org.cn/mtbd/680113.htm,最后浏览日期:2022 年 3 月 15 日。

② 梅新林:《剑与箫:江南文化精神的二重奏》(2019 年 9 月 23 日),浙江师范大学江南文化研究中心网站,http://jnculture.zjnu.edu.cn/2019/1101/c9973a304919/page.htm,最后浏览日期:2022 年 3 月 15 日。

2021年1月,《上海市国民经济和社会发展第十四个五年规划和二〇三五年远景目标纲要》提出上海的远景目标之一:到2035年,上海国际经济、金融、贸易、航运、科技创新中心和文化大都市功能全面升级,基本建成令人向往的创新之城、人文之城、生态之城,基本建成具有世界影响力的社会主义现代化国际大都市和充分体现中国特色、时代特征、上海特点的人民城市,成为具有全球影响力的长三角世界级城市群的核心引领城市,成为社会主义现代化国家建设的重要窗口和城市标杆。作为中国共产党的诞生地、海派文化的发祥地、江南文化的荟萃地,红色文化、海派文化、江南文化一直是上海最知名的城市文化品牌,也是上海建设人文之城的重要文化资源。但就目前三大文化品牌建设的现状而言,基本可以概括为:"海派文化树大根深,红色文化强劲有力,只有江南文化还处在探索阶段。"①但上海作为引领长三角高质量一体化发展的龙头城市,要求上海必须要立足于江南、立足江南文化,兼收并蓄、推陈出新,使江南文化成为上海建设"具有全球影响力的长三角世界级城市群的核心引领城市"的文化源泉,真正实现区域文化整合、助力长三角一体化行稳致远。

(二)新江南文化在奉贤:实践第一的方法论

打响上海城市品牌、助力长三角一体化国家战略,正是奉贤当前打造新江南文化城乡景观、重构新江南文化精神图谱的新时代价值所在。所谓"新江南",是相对于"旧江南"而阐发的概念。"旧江南"在大多数人的印象中,就是杨柳依依、烟雨迷蒙、粉墙黛瓦、小桥流水,就是灵动、温润、诗性、唯美,是基于农耕文明基础上形

---

① 刘士林:《江南文化促进上海软实力建设》,《社会科学报》,2021年9月9日,第6版。

成的"审美-诗性"文化。而如今的"新江南",则已进入工业社会与后工业社会,人们对于美好生活的向往虽然没有改变,但对于美好生活的具体内涵和外在形式已经有了与以往完全不同的认识。我们必须要立足于时代的要求来重新审视、建构新的江南文化。所以新江南文化一定是承继了江南文化所固有的文化特质、文化气质,并且与时俱进,充分吸收、融入现代文明的新理念、新追求、新气象、新样式。它是对传统江南文化的继承与创新,在一定程度上,也与海派文化形成交集并发酵,既有"老味道",又有"新气息",既能留住乡愁,更能促进发展。

奉贤的新江南文化建设,并没有流于空泛地坐而论道,而是在乡村振兴中形成了建设"新江南好家风、新江南美乡村"的乡村振兴文化发展模式。其实质是以建构"美好生活"为基点,立足优越的自然禀赋和传承悠久的"贤文化",推动党建引领的生产、生活、生态、生命"四生"融合,按照"最现代""最生态""最便利""最具活力"的新发展要求,建设富有人性化、人文化、人情味的人民城市。

总的来看,奉贤提出的"新江南文化"的突出特征就是实践第一,是具有方法论意义、可复制推广的发展战略:创造具有"勤劳、聪慧、温婉、精致"新江南气质的美好生活是其核心目标;培育"敬奉贤人、见贤思齐"的新江南气质的文明市民是其基本内涵;"在绿水青山间联结历史与未来"是其规划特色。通过新江南文化,使现代与传统握手、时尚与古朴对话、科学与人文融合、技术与艺术再造,厚植"奉信、奉贤、奉献"的城市精神、城市品格,让新江南文化个性充分彰显,打造独一无二的靓丽文化风景线。

1. "勤劳、聪慧、温婉、精致"代表新江南气质的美好生活

所谓美好生活是一种每个人能够获得自由而全面发展的生活状态,它既包括更高的物质文化生活状态,又包括民主、法治、公

平、正义、安全、环境等方面的更高精神文化追求的生活状态。人的需要具有社会性与历史性,人们对美好生活的追求也受到时代背景、地域环境、文化传统等因素的影响。地处上海、立足江南的奉贤,在江南水乡的滋养里,发展出传承千年的"贤文化"。奉贤要突出"勤劳、聪慧、温婉、精致"新江南气质,既是在具体的生活方式中体现对文化的认同与实践,更力求弘扬跨越时空、超越国度、富有永恒魅力、具有当代价值的优秀文化精神,从历史中走向未来,在开拓中不断向前。

2."敬奉贤人,见贤思齐"塑造具备新江南气质的文明市民

奉贤区具有深厚的历史文化底蕴。相传春秋时期,孔子弟子言偃到此讲学,开"敬奉贤人,见贤思齐"的道德风尚和社会风气之先河,在传承、演绎和发展中形成了最具奉贤特色的地域文化——"贤文化"。"敬奉贤人,见贤思齐"是奉贤名字的由来,也是奉贤不断发展向前的基因密码。2009年10月,奉贤区委二届十二次全会审议通过了《中共上海市奉贤区委关于进一步加强"贤文化"建设促进区域文化发展的若干意见》,使"贤文化"上升为地区发展战略。奉贤以家训带家风、以家风树村风、以村风扬民风,培育"敬奉贤人,见贤思齐"的新江南市民,持续推动"贤文化"建设,不断深化"贤文化"内涵,使江南崇文重教的浓郁风气,"诗礼传家""耕读传家"的文化传统在奉贤发扬光大。

3."绿水青山间联结历史与未来",打造具有新江南气质的城乡空间

一是打造新江南城乡空间策源地。传承小桥流水、斜街曲巷、粉墙黛瓦、浓淡相宜的江南韵味,梳理传统街巷、园林、院落、桥梁等典型江南空间肌理,以人为核心,蓝绿交融、田园阡陌,形成个性

化城市与自然村落、江南庭院融为一体的空间系统。以"三分灰、七分白"为色彩主基调,跨界推进"四生融合",绣出微空间、微基建、微功能。重视和挖掘现代城市的公共空间与社会生活交往空间(第三空间)价值,调动市场主体,变方向目标的无序性为一致性。勾勒出新江南特色的城市天际线,形成错落有致、诗意婉约、个性鲜明的场域,成为空间创新和政策策源地。

二是打造新江南生活生产弄潮地。着眼当下,面向未来,跨界以至无界,率先实现碳达峰、碳中和,以时尚之都、设计之都、品牌之都引领时代潮流。崇尚向善向美、绿色自然、现代时尚的生活方式,凸显人性化、人文化、人情味,人间烟火,至味清欢。增强东方美谷、未来空间、数字江海、中小企业科创活力区的国际品牌力和竞争力,整体开发农艺公园、"三园一总部"、田园综合体、生态商务区,大力发展水岸经济,提升水上商务新体验,打造"买全球、卖全球"的全球化妆品国际贸易重要链接支点。奉贤的日子、花开的样子,最江南、最现代、最青春的生活生产,可入雅集别院、可于交往茶驿、可上轻赏小筑、可乘漫楫舟舫,成为人人向往的诗意栖居地、新产业爆发地。

三是打造新江南生态肌理重塑地。以生态文明为方向,尊重自然、顺应自然、保护自然、回归自然,以水为魂,因水而美、因水而魅、因水而富、因水而活;以绿为基,杨柳依依、桃花十里、荷塘月色、蛙声一片;水绿交融,实现生态价值、美学价值、文化价值和谐共生。绿水青山就是金山银山,记得住乡愁、看得见发展,千名河长治千河,觅得春江清如许。统筹水田路林宅,凸显河湖密布、绿荫盈野的江南水乡韵味,着力打造海国长城、冷江雨巷、青春万岁、明城新月、南桥源、上江南、三官堂,建设"水上摩天大楼",开通水上巴士,五港十七渡、一渡一总部,涵养生态湿地、百座公园、千里绿廊、万顷林地,推窗见绿、出门入园、移步换景。充分运用浦江春潮、碧海金沙构成的通江达海优势,实现无数十字水街、田字绿廊的叠加,"落霞与孤鹜齐飞,秋水共长天一色",构建新江南水乡意蕴的生态肌理,让飞鸟代言,让锦鲤说话,让秋虫歌唱。

四是打造新江南精品力作打卡地。践行"人民城市人民建,人民城市为人民"重要理念,立足"四个放在",对标最高最好,以"今天我看世界、明天世界看我"的胸怀,传承既往、面向未来。树立"代表作"意识,实施"知名策划规划、知名创意设计、知名艺匠工匠、知名运营管理"工程,从而形成著名品牌。显现新江南现代感、时尚感、未来感,聚焦"新城—新市镇—新乡村"城乡体系,规划一批具有现代范、世界波的引领项目,挖掘一批具有古风、古韵的特色项目,重塑一批具有河湖相串、田园风光的有意味项目,建设一批可阅读、体验感的有温度项目。围绕生态环境、生活艺术、场域空间、美学创造等范畴,培育一批属于新时代南上海的代表作品、标杆人物、顶级赛事、著名论坛、国际社区、现象级事件,文艺创造爆款迭出,文化名家群星荟萃,办好世界城市日、东方美谷国际化妆品大会、贤商大会等高层次论坛,倾心打造具有中国风范、中国气派、中国形象、新江南意象的属于人民的精品力作,成为诗和远方的打卡地。

五是打造新江南文化创新魅力区。传承开放包容、敢为人先、敬奉贤人、见贤思齐的江南基因,传承勤劳、聪慧、温婉、精致的江南气质,促进多元文化交融、深化全域美育工程,画出不同场景下自带精神流量的市民"群像"图。努力寻求江南文化数字化时代下创新发展突破口,赋予文化科技内涵,建设南上海文化创意产业集聚区、九棵树演艺新殿堂,打响"上海之鱼"灯光秀品牌,推动首发、首秀、首店、首创、首映、首演,创造直抵人心的场域空间,期待我们的未来更现代、更生态、更便利、更繁荣,定格最美的城市表情。呈现美美与共、美美相随的场所精神,与春天约会、同新锐对话,让设计感、时尚潮、文艺范涌动在大街小巷,成为新青年集聚地,成为人们对未来的向往和追求之地,让新江南文化成为品质生活的意味,让云游来的人,一见倾心、流连忘返;让没来过的人,羡慕期待、心驰神往。

四、文化自信的新江南:在发展中留住乡愁

在中国的现代化历程中,农业逐渐被边缘化、农民大量迁往城市、农村日益凋敝,以至于有人发出了这样的感慨:"我们的故乡在沦陷,我们在未来将无处安放我们的乡愁!"于是人们开始普遍谈论乡愁、思考乡愁。那么当代中国的乡愁,本质为何?何慧丽认为:"作为现代性问题出现的、以都市文明或工业文明观照农业文明而滋生的复杂情感。它意味着人们向往田园生活的自然心性对城市化和工业化中欲望横流的反动,也是在发展潮流裹挟下对自身生存道德的渴望和追求。乡愁是客观的、也是主观的,是个人的、也是民族的,作为一种隐隐约约的恐惧感,它在今日每个人的心性里蔓延,也在这个国家的当代民族心性里蔓延。"① 从一定程度上说,乡愁里装着的风物和人情,不仅是一种返璞归真的人生意味,更承载了中国文明的根脉和灵魂。党的十九大提出实施乡村振兴战略,强调乡村振兴战略的实践过程中必须传承发展提升农耕文明,走乡村文化兴盛之路,对于传承中华优秀传统文化意义重

---

① 何慧丽:《现代化背后的乡愁、乡恋和乡建》,《人民论坛》2013 年第 15 期。

大,也促使我们必须更进一步思考如何以文化推动乡村发展。2016年4月25日,习近平总书记在安徽凤阳县小岗村召开农村改革座谈会时强调,"建设社会主义新农村,要规划先行,遵循乡村自身发展规律,补农村短板,扬农村长处,注意乡土味道,保留乡村风貌,留住田园乡愁"①。

  对于上海而言,要推动郊区乡村成为上海今后经济社会发展的亮点,文化的元素更是必不可少。上海市委书记李强指出,乡村的设计,"既要注重留存乡村肌理、乡村文化、乡村特色,也要加快完善党组织领导的自治、法治、德治相结合的乡村治理体系,健全全民覆盖、普惠共享、城乡一体的基本公共服务体系"②。其目的是不断提升郊区乡村的宜居度、竞争力和吸引力,用高品质、有韵味的美丽乡村,"让更多人愿意留下来、愿意到乡村生活创业",让乡村面貌焕发新活力,为乡村发展提供新动能。

  如何"独辟蹊径、攻坚突破,做强做优特色产业",打造城市新亮点,对于地处上海郊区的奉贤的确是一个不小的挑战。但奉贤依靠自然禀赋和地域特色,形成了以"新江南文化"为核心内容的乡村振兴文化发展模式,力求在乡村振兴中做到"记得住乡愁,看得见发展",重塑符合上海大都市乡村特征的海派江南乡村文化,引领了江南地区乡村文化定位建设,这对于展现乡土魅力、为农村发展留住人才、协调城乡关系、推动经济高质量发展、增强文化自信、在实现现代化的同时守住中华文明的根脉,意义重大。

---

① 习近平:《加大推进新形势下农村改革力度》(2016年4月28日),新华网,http://www.xinhuanet.com/politics/2016-04/28/c_1118763826.htm,最后浏览日期:2022年3月15日。
② 谈燕:《实现产业兴、农业强、农村美、农民富》,《解放日报》,2020年7月25日,第1版。

(一)以新江南文化重塑奉贤的乡土魅力,为乡村振兴留住人才

一说到振兴乡村,公认的困难就是农村的"空心化"。新江南文化使乡村重焕生机,提供了良好的生活、工作环境,撬动新的经济增长点,以独特的文化风格吸引更多人愿意回到乡村、留在乡村,为乡村事业的发展储备了宝贵的人才。

奉贤区的新江南文化建设打造了一个特色鲜明的生活空间,为人才提供了和城市相同的生活品质,和城市不同的生活感觉。新江南文化勾勒出具有江南特色的乡村景观,千里绿廊,万顷林地,推窗见绿,出门入园。人融入自然的呼吸脉搏,在生活之中随处可获得野趣。同时,新江南乡村拥有低碳的交通设施,快捷的15分钟生活圈,集餐饮、娱乐、文化、生活于一体的多元化商业业态,可以让人们享受到不亚于城市的便利。乡野中,人与人之间其乐融融、和谐密切的互动交际,也让社会生活增添了一分温馨。新江南文化以其生态优势和人文关怀,使新江南乡村成为一个"来了能留下,走了还想来"的地方。

新江南文化还为新产业、新经济提供支点,为各领域人才提供广阔的发展前景。新江南文化具有丰富的内涵、迷人的魅力,为文艺创作、商业衍生留下了充足的空间,吸引了一批批文艺、商业人才,前来施展才华、实现抱负。他们运用自身所学专业和创新思维,探索出助力乡村发展的新模式。

例如,青村镇吴房村乡村文化旅游品牌发展的相关项目都由一批高学历、年轻化的"新村民"负责提出创意和运营,打造出以"黄桃+"为IP主题的东方桃源现代农业融合发展产业园,"黄桃+文创+旅游"的农商文旅多产业发展新模式。以发展新江南文化、打造作为生活方式的乡村为契机,一大批人才回归乡土,让

"青村正青春",他们不仅带领村民致富,也探索了基层治理新模式,让乡村更蕴生机。

(二)以新江南文化带动城乡协同发展,推动经济高质量发展

乡村发展的方向并不必和城市趋同,新江南文化展示了另一种发展方式和生活图景,为城市生活弥补上缺失的另一面。同时,以新江南文化为基础生发的新业态、新产业也推动奉贤走上经济增长的快车道,逐渐实现乡村振兴的宏伟蓝图。

郊区乡村是上海今后经济社会发展的亮点。上海市委书记李强指出,"要在更高层次上审视谋划上海郊区的乡村振兴工作,把乡村作为超大城市的稀缺资源,作为城市核心功能的重要承载地,作为提升城市能级和核心竞争力的战略空间"①。当下,上海中心城区空间资源日渐紧张,接下来的产业空间,尤其是高产值、高附加值的重点产业空间,很大部分需要在郊区开掘。一方面,乡村的土地、空间等存量资源,需要通过更灵活充分的要素流动予以盘活,释放其潜在的能量;另一方面,乡村存量的盘活,对于城市而言,本身就是至为宝贵的发展增量。

奉贤区的新江南文化以乡村的生态资源、古建筑资源、民风民俗为基础,促进一二三产业融合发展,为经济增长提供了新动力。奉贤以"都市古镇、田园牧歌"为规划愿景,演绎新江南景致,挖掘历史文脉,放大红色记忆,注入经济功能,正在成为历史文化与时代功能相融的南上海文创新地标。同时,奉贤引入上海美院乡村艺术中心、中国美院乡村工作站、著名国画家吴山明大师工作室、上海著名越剧演员吴群工作室等27家企业和机构,以新江南乡村为底色,大力开发"十里桃花"观光路、黄桃特色餐饮、生态垂钓、

---

① 谈燕:《乡村风貌特色文化要有上海特点》,《新民晚报》,2018年7月14日,第2版。

"半山艺"和"桃源里"特色民宿等乡村旅游项目,形成了"黄桃+文创+旅游"的农商文旅多产业发展新模式。

新江南文化为乡村的土地、人员、生态资源赋能,充分发挥了乡村的独特优势,形成具有竞争力和吸引力的文化品牌,促进郊区乡村区域经济的绿色发展、可持续发展;同时,新江南文化的建设将更多乡民吸纳进工商业、旅游服务业就业,使更多乡民分享产业转型、经济发展的成果,助力实现乡村振兴的普惠发展。

(三)以新江南文化促进中华文明的保护与传承,增强文化自信、在实现现代化的同时留住文明根脉

以江南文化为代表的中华文明既是历史的,也是当代的;既是民族的,也是世界的。不忘本来才能开辟未来,善于继承才能更好创新。习近平总书记指出,"如果没有中华五千年文明,哪里有什么中国特色?如果不是中国特色,哪有我们今天这么成功的中国特色社会主义道路?我们要牢牢守护中华民族的精神命脉,深入挖掘中华文明的精华,弘扬优秀传统文化,将它与马克思主义立场观点方法结合起来,坚定不移走中国特色社会主义道路"[①]。

在全面建设社会主义现代化国家新征程中,中华优秀传统文化的传承与发展迎来了新机遇、新挑战,面临一系列新课题、新任务。乡村振兴中的文化建设就是要更加自觉、更加主动地推动中华优秀传统文化同当代社会相适应、同现代化进程相协调,更好地推动其创造性转化、创新性发展。创造性转化,就是要按照时代特点和要求,对那些至今仍有借鉴价值的内涵和形式加以改造,赋予

---

① 《习近平考察朱熹园谈文化自信》(2021年3月23日),求是网,http://www.qstheory.cn/yaowen/2021-03/23/c_1127243577.htm,最后浏览日期:2022年3月15日。

其新的时代内涵载体和传播渠道,激活其生命力。创新性发展,就是要按照时代的新进步新进展,对中华优秀传统文化的内涵加以补充、拓展、完善,增强其影响力和感召力。

新江南文化的提出,正是推动中华优秀传统文化创造性转化、创新性发展的一次新尝试。江南文脉流传千年,江南文化独领风骚。在此基础之上产生的新江南文化,虽然对江南的生活方式、城乡面貌、发展路径等方面进行了现代化重塑,与旧江南文化表现出很大不同。但其对于美好生活的追求、对于历史文化传承的敬重是一脉相承的。新江南文化立足于"新城建设"与"乡村振兴"的更高标准、更严要求,勾勒出奉贤软实力建设的新蓝图。新江南文化植根于奉贤这方热土,是奉贤人民在创造美好生活的新实践中所凝结出的新的文化形态。新江南文化,作为一种新兴的城市文化标识,蕴含了"奉信、奉贤、奉献"的城市精神和城市品格,彰显着奉贤特有的文化自信。正是以新江南文化为指引,奉贤牢牢把握住了城市文化的"根"与"魂",没有在现代化的进程中迷失方向,反而在新城建设中让"少年奉贤"向"青春奉贤"的蝶变展现出海滨江南的独特魅力和优雅气质。

"文化是一个国家、一个民族的灵魂。文化兴国运兴,文化强民族强。没有高度的文化自信,没有文化的繁荣兴盛,就没有中华民族伟大复兴。"[1]奉贤正是以新江南文化为突破,凸显新江南特色、新江南标识、新江南内涵,打响城市软实力品牌,让城市更具吸引力、竞争力、创造力,为"奉贤美、奉贤强"提供了强大的文化力量。

---

[1] 习近平:《坚定文化自信,建设社会主义文化强国》,《求是》2019 年第 12 期。

第七章
党建引领下的"三治"融合：乡村振兴的组织保障

第七章 党建引领下的"三治"融合：乡村振兴的组织保障

党的十九大报告指出，乡村振兴战略是新时代"三农"工作总抓手，是一项关系全面建设社会主义现代化国家的全局性、历史性任务。十九大提出的乡村振兴战略，把有效治理作为乡村振兴总要求的重要内容，并提出健全自治、法治、德治相结合的乡村治理体系。为贯彻落实党的十九大提出的乡村振兴战略，上海市先后出台了《上海市乡村振兴战略规划（2018—2022年）》和《上海市乡村振兴"十四五"规划》，将健全完善农村基层党组织领导体系，促进自治法治德治相结合的乡村治理体系列为重要任务。

位于国际化大都市的远郊区域，上海奉贤在衔接城乡发展、重构城乡关系中扮演着十分重要的角色。在这一背景之下，奉贤以打造党建引领乡村振兴新引擎为目标，不断探索实践党建引领下"三治"融合的新型乡村基层社会治理模式，建立健全党委领导、政府负责、民主协商、社会协同、公众参与、法治保障、科技支撑的现代乡村社会治理体系，为国际化大都市背景下的乡村振兴提供了一个中国式现代化的奉贤图景。

一、党建引领下的乡村振兴

乡村要振兴，组织振兴是保障，党建引领是根本。实现组织振兴，其实质是推进乡村基层治理现代化，其目标是形成党建引领和

"三治"融合的结构统一体。从结构上来看,现代化的乡村基层治理体系由基层党组织领导体系和"三治"融合的多元治理体系两个子系统构成,是一个一核多元的架构(如图7-1所示)。其中,"一核"指的是位于乡村治理体系核心的基层党组织,基层党建及其对乡村基层治理的引领作用是筑牢乡村振兴战略的根基。而"多元"指的既是活跃在乡村社会中的多元治理主体,包括企业、农村社会组织以及地方基层政府、村"两委"成员、新乡贤和村民,也是党建

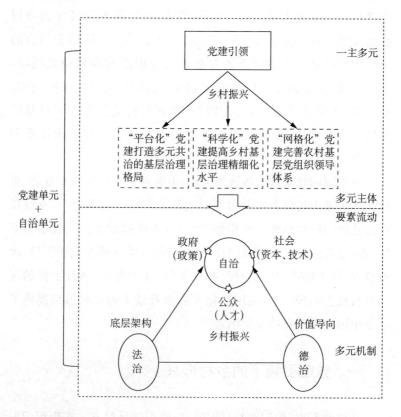

图7-1 党建引领下"三治"融合的奉贤乡村振兴图景

引领下自治、法治与德治相互融合的多元机制。因此,乡村基层治理体系现代化就是要实现多元主体与多元机制的双重融合,而实现这一目标的核心任务就是以党建带动"三治"融合,在搞好党建的同时,用党建发动社会建设中的多元主体,形成以"党建为引领、自治为基础、法治为保证、德治为支撑"的现代化乡村善治新格局。①

秉持党建引领乡村振兴的理念,奉贤区各级党组织不懈探索乡村振兴的奉贤品牌、奉贤模式,打造了一批党建引领乡村振兴的典型案例,把党建贯穿于乡村振兴的各方面和全过程,初步构建起特色鲜明的党建引领"三治"融合的乡村基层治理体制机制。

(一)"平台化"党建打造多元共治的基层治理格局

基层党组织是夯实乡村社会治理能力的领导力量和中坚主体,然而目前基层党建与乡村社区治理未能很好融合,城市社区治理中存在的党建主体与治理权威不统一、党建资源与社会治理资源缺乏整合,以及党建工作与治理需求相互脱节等现实困境,②在乡村社区中也同样存在。为克服基层党建引领乡村治理社会的现实困境,更好适应乡村振兴战略的现实需要,党建引领的乡村社会治理需要形成多元共治的格局。这就需要乡村的基层党组织积极为各界人士和各类组织参与乡村治理搭建平台,引导多元化社会资源与社会力量有序参与乡村的基层治理。近年来,奉贤区以组织振兴为切入点,以打造生命共同体、利益共同体和发展共同体为目标,在实践中探索出了许多以"平台化"党建汇聚治理资源,促进

---

① 熊万胜、方垚:《体系化:当代乡村治理的新方向》,《浙江社会科学》2019 年第 11 期。
② 杨妍、王江伟:《基层党建引领城市社区治理:现实困境 实践创新与可行路径》,《理论视野》2019 年第 4 期。

乡村振兴的体制机制。

第一，构建区域化党建体系，打造乡村治理共同体。近年来，奉贤区大力推进区域党建工作，探索建立区域化党建联席会议制度，以整合协调资源，实行多元主体共治，形成了"区—镇（社区、开发区）—村居"三级联动，覆盖各个层面的"贤城先锋联盟"。① 在区层面，"联盟"首批发起单位共45家，涉及机关单位、高校院所、部队等，并设产学研、公共服务、驻奉部队、城乡党组织结对帮扶4个专门委员会。② 以"联盟"成立为起点，奉贤12个镇、社区、开发区和285个村居也同步建立相应的联盟平台。在镇（社区、开发区）层面，共吸纳308家区域范围内的区属部门、驻区单位等成为联席会议成员单位；在村居层面，搭建区域化党建工作平台，推行"大党委制"，实现区域化党建向上延伸、向下拓展的态势。③ 以奉贤区柘林镇为例，该镇依托"三区"（校区、园区、农村社区）、"三张清单"（需求、资源、项目）以及"三级党群阵地"【镇级社区党群服务中心、村（居）、园区党群服务站点和党群微家】打造多层面的区域化党建平台。④ 奉贤区青村镇钱桥居委党总支则通过充分发挥党建引领作用，整合多方力量

---

① 《区域化党建研讨会经验交流（1）：奉贤打造区域化党建工作升级版》（2015年12月4日），东方网，http://gov.eastday.com/renda/dfzw/zxgg/u1ai6084316.html，最后浏览日期：2022年5月15日。
② 《奉贤用项目化推进区域化党建工作》（2015年5月25日），东方网，http://shzw.eastday.com/shzw/G/20150525/u1ai149816.html，最后浏览日期：2022年5月15日。
③ 《区域化党建研讨会经验交流（1）：奉贤打造区域化党建工作升级版》（2015年12月4日），东方网，http://gov.eastday.com/renda/dfzw/zxgg/u1ai6084316.html，最后浏览日期：2022年5月15日。
④ 《奉贤区柘林镇：绘就党建"同心圆" 打好发展"组合拳"》（2021年3月24日），东方网，https://j.eastday.com/p/161652037977012859，最后浏览日期：2022年5月15日。

组建"聚管家"党群服务队伍,形成多元共商、党群共治的社区管家团队。①

第二,党建引领资源对接,企业入驻推动产业振兴。2018年,奉贤区委组织共发动181个区级机关党组织、百强企业、乡贤(以下简称"三个一百")与166个村结成对子,广泛调动党政部门、社会各界的资源和力量,将先进理念、先进思想、先进做法引入农村,因地制宜利用区域中小企业多的产业特点,依托"三地三化""三园一总部"项目,依托乡村基础发展产业,通过产业振兴助推乡村振兴。② 以西渡街道五宅村为例,奉贤区委办机关党支部给村里"引荐"了六位企业家和乡贤。上海上美化妆品有限公司和村委会签署战略协议,承诺企业的研发总部建在村里,帮助村里壮大农村集体资产,提高村民的实际性收益;上海敬泉实业有限公司与村委会共同签署梅园里改造项目协议,开启"一庭院一总部"的乡村经济发展新模式。五宅村梅园里项目作为"三园一总部"项目的着陆点,通过"一庭院一总部"的平台,充分发挥了企业作用,提高农村经济发展,进一步推进乡村振兴。③

第三,依托党建汇聚乡贤资源,激活乡村振兴,内生动力。培育新乡贤是构建乡村振兴内生主体基础与动员外部资源的重要机制。除了引领和组织农民、发挥农民在乡村振兴中主体作用的同时,新乡贤还能有效吸纳外部资源,实现乡村内外部的资源整合,

---

① 《区域融合共建党群"聚管家"》(2021年4月16日),共产党员网,https://tougao.12371.cn/gaojian.php?tid=3903783,最后浏览日期:2022年5月15日。
② 乔陆印、刘彦随:《新时期乡村振兴战略与农村宅基地制度改革》,《地理研究》2019年第3期。
③ 《党建引领乡村振兴的"奉贤答卷"》(2018年12月19日),中华人民共和国农业农村部网站,http://www.moa.gov.cn/xw/qg/201911/t20191104_6331205.htm,最后浏览日期:2022年3月15日。

最终促进乡村的有效治理。① 自 2015 年中央一号文件首次提出创新乡贤文化以来,②"新乡贤"一词频频出现在中央文件中,2018 年中央文件更是特别强调了要积极发挥新乡贤对于乡村治理和乡村振兴的促进作用。③ 近年来,奉贤区以党建为引领,着力推行"乡贤+"新模式,搭建了一个乡贤善治的新平台。首先,乡贤+组织,建立乡贤参与机制,集聚乡贤治理力量。奉贤在各镇、街道、社区、开发区均成立了乡贤理事会,村级层面成立了乡贤分会,以促进基层善治。其次,乡贤+项目,服务乡村建设发展。例如在金汇镇建设东方美谷小镇中,作为乡贤代表之一,华昌集团蔡永康积极参与、投资、建设"beautiful 第一时间"项目,成为展现"奉贤美、奉贤强"的城市门户地标。④ 再次,乡贤+文化,引领乡风好风尚。成立区乡贤文化研究会,依托各级乡贤组织,挖掘奉贤乡贤文化,同时积极发挥乡贤在传承好家风家训、开展文化活动上的示范引领作用。最后,乡贤+公益,改善基层民生。在镇级层面,依托乡贤理事会,采取成立基金、组建协会等多种方式,为乡贤参与公益搭建平台⑤。

---

① 龚丽兰、郑永君:《培育"新乡贤":乡村振兴内生主体基础的构建机制》,《中国农村观察》2019 年第 6 期。
② 《中共中央 国务院关于加大改革创新力度加快农业现代化建设的若干意见》(2015 年 2 月 1 日),中华人民共和国中央人民政府网站,http://www.gov.cn/zhengce/2015-02/01/content_2813034.htm,最后浏览日期:2022 年 3 月 17 日。
③ 《〈关于实施乡村振兴战略的意见〉政策解读》(2018 年 2 月 6 日),中华人民共和国国务院新闻办公室网站,http://www.scio.gov.cn/34473/34515/Document/1623029/1623029.htm,最后浏览日期:2022 年 3 月 17 日。
④ 《党建引领乡村振兴的"奉贤答卷"》(2019 年 12 月 19 日),中华人民共和国农业农村部网站,http://www.moa.gov.cn/xw/qg/201911/t20191104_6331205.htm,最后浏览日期:2022 年 3 月 15 日。
⑤ 《奉贤推行"乡贤+"模式 促进村级治理现代化》(2019 年 4 月 28 日),上海市农业农村委员会网站,https://nyncw.sh.gov.cn/xczx/20190428/0009-116684.html,最后浏览日期:2022 年 5 月 15 日。

(二)"网格化"党建完善农村基层党组织领导体系

乡村基层党建工作面临着居住方式分散、问题复杂多元、资源相对分散等因素的制约。奉贤区积极探索网格化党建工作机制,将党支部或党小组建在网格,推动党群服务站点全覆盖,夯实乡村治理的组织基础;统筹整合各类党建网格、管理网格与服务网格,推动需求在网格发现、资源在网格整合、问题在网格解决,提高乡村社会治理与公共服务的精细化水平。在这一过程中,奉贤区涌现出一批以"网格化"党建助力乡村振兴的典型案例。

奉贤区柘林镇全域面积91.21平方千米,下设临海、新寺、胡桥3个社区,辖村16个,社区7个,内河队1个,村民小组346个。柘林镇党委以推进党群服务站点建设、整合村居党建资源为重点,充分发挥基层党组织的战斗堡垒作用,为推动乡村全面振兴提供坚强的组织保障。具体而言,柘林镇党委一方面以社区党群服务中心为枢纽,整合村居现有党建资源,建立并完善"1+30+108+X"的四级党建体系[①],另一方面借助"千百十"志愿服务工作制度,整合基层党组织、党员群众、社会力量等多元主体之间的互联互动,搭建"大党委—农村(居民区)党组织—网格党支部—单元党小组"基层治理框架。从整合场地等硬件资源与人力等软件资源双向发力,聚焦阵地建设与服务创新,有效盘活现有党建资源,实现资源的高效配置,把党群服务阵地打造成为"家门口"的为民服务平台。

2021年,柘林镇网格化党建累计协调解决群众关注的热点难点问题1 588起,组织开展志愿服务114场,组建了以党员志愿者为主要力量的志愿队伍100多支。深化"红色代办"创新服务品

---

① 具体是指:1个社区党群服务中心、30个村居(园区)党群服务站、108个村居下设的党群微家,以及X个党群(团)志愿者。

牌,联通"一网通办"平台,建立资源清单、需求清单、项目清单,整合红色服务事项,形成 100 余项红色代办清单,编制《红色代办手册》。目前,柘林镇设置 28 个"红色代办"站点,成立 75 支"红色代办"队伍,设立"红色代办"党员示范岗 156 个,吸纳 800 多名党群志愿者参与代办行动,有效联系 2 000 多名农村(居民)党员。依托"双联双进"、"责任关怀"、城乡党组织结对、领导干部包干联系等,推动 154 个党组织与 26 个村居建立共建共治共享的长效机制,36 名领导干部分别在 26 个村居建立党支部工作联系点,指导基层党组织推进落实支部建设标准化工作。①

四团镇新桥村全域面积 2.75 平方千米,共有 19 个村民小组,1 042 户家庭,户籍人口共 2 800 多人,目前有党员 99 人。新桥村党总支将全村划分为 7 个网格片区,以网格化的方式强化农村职能,党员干部通过进网格、进小组、进宅基、进家庭的"四进入"工作法,走进村民、倾听民意、了解需求、解决困难。同时通过公众微信号、社区通、大喇叭等媒体手段,第一时间把村里的大小事务向村民公开,帮助村民成为"明白人""服务人""爱心人""时尚人""公正人",强化党群联动、干群联动,使党建引领充分体现在乡村治理中,真正做到了"真便民、全覆盖"。②

洪北村位于奉城镇东部,村辖区面积 1.3 平方千米,可耕地面积 950 亩。全村共 11 个村民小组,户籍人口数 1 337 人,党员

---

① 《奉贤区柘林镇:党建引领多措并举 打造有温度的"红色阵地"》(2021 年 4 月 12 日),上海基层党建网,https://www.shjcdj.cn/djWeb/djweb/web/djweb/home!info.action?articleid=ff808081788f39770178c128abfc026f&catalogid=40289f0f5a84374f015a843fceee0002,最后浏览日期:2022 年 3 月 15 日。
② 《"345"工作法,助力乡村振兴——四团镇新桥村党总支》(2021 年 1 月 14 日),"贤城组工"微信公众号,https://mp.weixin.qq.com/s/OXzdhgOPPDdqIYiLDkPHig,最后浏览日期:2022 年 3 月 15 日。

61人,下设2个党小组。奉城镇洪北村党总支始终坚持立足本村实际,聚焦支部建设,提升支部创造力、凝聚力和战斗力,进一步激发农村党建新活力,做强做优农村基层党组织建设,助力乡村振兴。洪北村在11个村民小组中设立11个党建网格、1个党群服务站、2个党建微家,拥有2支党员志愿者队伍。此外,洪北村党总支坚持以党群服务站为核心,发挥党建微家、妇女微家的阵地作用,聚焦服务党员群众;坚持以"四网合一"为依托,主动下沉融入党员群众中,为村民上党课,讲党话,传党意,同时结合新知识新文化,让村民感受文明、体验文明、实践文明,有效提升广大村民的综合素质和文明程度,为做好乡村振兴打下坚实基础。①

(三)"科学化"党建提高乡村基层治理精细化水平

党的十八届五中全会把社会治理精细化纳入战略布局,要提高社会治理精细化水平,就是要充分重视基层(包括城市基层以和农村基层)在社会治理中的作用。上海历来就有精细化管理的良好基因,目前已经成为城市精细化管理的重要标杆。奉贤区虽然位于上海远郊区域,但其农村地区具有城郊融合型特点,在形态上要保留乡村风貌,在治理上应体现城市精细化管理水平。与城市基层治理相比,乡村社会生活的非程式化,乡村社会问题的关联性以及乡村社会治理的综合性等特征,造成了乡村治理在实行专业化、精细化分工上的困难。② 在这一背景之下,奉贤区借鉴城市治理精细化理念,结合乡村振兴战略,积极探索科学化党建工作机

---

① 《【党支部建设示范点】五个"突出"建硬核派党组织——奉城镇洪北村党总支》(2020年11月17日),"贤城组工"微信公众号,https://mp.weixin.qq.com/s/6HIg-Keqwa_Y4ep9uN_Xgw,最后浏览日期:2022年3月15日。

② 韩鹏云、徐嘉鸿:《乡村社会的国家政权建设与现代国家建构方向》,《学习与实践》2014年第1期。

制,开展乡村治理规范化和标准化建设,大力推进乡村治理的精细化治理创新,涌现出一批好做法。

既有研究及实践表明,推行积分制管理模式,有利于增强基层党组织的领导作用,能够提高农民参与乡村治理的积极性,[①]让乡村治理工作可量化、有抓手,既有助于提升乡村治理的精细化与科学化水平,还有利于乡村振兴重点工作的开展与落实。[②] 2017年,上海市奉贤区提出以村民小组为单位,开展"生态村组·和美宅基"创建工作,积分达标后给予一定奖励,促进组内村民自我管理,加强生态和美村组建设。在开展"生态村组·和美宅基"积分制管理的过程中,奉贤区采取了具有科学性和合理性的多种具体工作机制,并且注重对科技手段的应用,以增强社会治理的精准化水平。

具体而言,奉贤区的科学化党建工作机制体现在以下三个方面。第一,以党建引领为抓手,实现积分制科学管理。依托党建服务站、党建微家等阵地,结合"党课进万家"等活动,以讲座、视频、故事会、快板、小品等形式,广泛开展宣讲,将新形势、新政策、新任务传达到底、解读到位、发动到人。同时注重发挥党员引领作用,发挥职能部门协同作用,上下联动推动创建。第二,科学设定方案,确保项目有序推进。首先,设置奖罚一体机制,促进组内村民自我管理。以村民小组为单位开展创建活动,只要一户不达标,即视为整个村民小组不达标,培养村民的集体荣辱观念。其次,设置奖励阶梯,突出村民小组长的作用。最后,实行全过程管理,聚焦事前事中事后。

---

① 刘晓雯、李琪:《乡村振兴主体性内生动力及其激发路径的研究》,《干旱区资源与环境》2020年第8期。
② 《中央农村工作领导小组办公室 农业农村部关于在乡村治理中推广运用积分制有关工作的通知》(2020年10月20日),中华人民共和国农业农村部网站,http://www.moa.gov.cn/nybgb/2020/202008/202010/t20201020_6354684.htm,最后浏览日期:2022年3月15日。

第三,注重长效常态管理,善于应用智慧化平台。将"生态村组·和美宅基"创建纳入奉贤云治理平台和"一网统管"城运平台,进行月度、季度自评审核,建立全覆盖动态监测机制。每月由各村对所属村组自评、各街镇对各村组审核,每季度由区职能部门评审,通报问题、整改反馈等都在网上进行。凡是在云治理平台上通报的问题,同步纳入"一网统管"城运平台;各街镇城市运行管理中心将"和美宅基"创建纳入平台落实专项巡查,加强日常监测及情况通报。①

二、自治:乡村治理的内生秩序

乡村自治的实质是在乡村内生秩序的基础上,充分发掘乡村的自主性发展潜力,实现国家外生秩序与乡村社会内生秩序之间的有机衔接,建构起乡村治理结构的制度功能。② 正如贺雪峰所言,"乡村振兴的主体是亿万农民群众,只有亿万农民组织起来,自己动手创造美好生活,'产业兴旺、生态宜居、乡风文明、治理有效、生活富裕'的乡村振兴总要求才能实现"③。然而,在中国现代化进程中,传统的乡村社会关系与社会秩序正在解体,新的社会秩序尚未建立,这构成了当下乡村社会治理困境的重要原因。④ 同时,从当前乡村

---

① 《中央农村工作领导小组办公室 农业农村部关于在乡村治理中推广运用积分制有关工作的通知》(2020 年 10 月 20 日),中华人民共和国农业农村部网站,http://www.moa.gov.cn/nybgb/2020/202008/202010/t20201020_6354684.htm,最后浏览日期:2022 年 3 月 15 日。
② 参见李志强:《转型期农村社会组织:理论阐释与现实建构》,吉林大学博士学位论文,2015 年。
③ 贺雪峰:《乡村振兴与农村集体经济》,《武汉大学学报》(哲学社会科学版)2019 年第 4 期。
④ 贺雪峰、仝志辉:《论村庄社会关联——兼论村庄秩序的社会基础》,《中国社会科学》2002 年第 3 期。

治理实践看,我国乡村仍然存在村民主体意识与参与意识不足,组织化参与效能低下以及制度体系规制能力弱化等现实问题,在一定程度上制约了乡村自治的发展。① 因此,通过制度嵌入提升乡村治理能力,强化乡村基层党组织在培育乡村治理内生秩序上的引领作用,②激活农民的主体性与乡村的内生资源,成为当前推进乡村基层治理现代化和乡村振兴战略中的根本性问题。

在这一背景之下,奉贤区结合区情实际,建立健全村民自治工作机制,充分发挥基层党组织和群众自治组织的作用,依靠培育和激发群众的自治力量和自治活力,以村民自治为抓手,走好乡村振兴之路,打造乡村治理的新格局。

其中,奉贤区青村镇吴房村"党建+自治"的模式很具有代表性。吴房村秉持"自治为基"的理念,紧紧围绕"治理有效"重要目标,不断探索实践党建引领下的"三治"融合的农村基层社会治理体系,通过自治,进一步凝聚民心、集中民力、汇集民智,助推村内各项社会事业新发展。通过实行村民自治制度,充分激发广大农民的积极性及自主性。

吴房村村党总支重点打造吴房村三治堂,围绕党员议事、村民议事、乡贤议事、道德讲堂等内容,制定"三厅一堂"工作制度,明确组织架构及相关职责,设置专门区域供党员村民议事,切实发挥村民参与村级事务管理的主动性与积极性。同时要求各党员主动下沉至村内各处红色阵地开展政策形势解读、村内事务讨论、志愿服务、搜集社情民意等自治活动,将党的声音传递到

---

① 姜晓萍,许丹:《新时代乡村治理的维度透视与融合路径》,《四川大学学报》(哲学社会科学版)2019年第4期。
② 许源源,左代华:《乡村治理中的内生秩序:演进逻辑、运行机制与制度嵌入》,《农业经济问题》2019年第8期。

最基层,打通服务群众的"最后一千米"。引导村民开展自治活动,依托三治堂、党建微家、睦邻四堂间、腾讯为村平台等阵地,聚焦如村民建房、土地流转、乡村文明等村民广泛关注的问题,充分调动群众积极性共同参与治理。在青村镇全镇 302 个村组全覆盖参与的"生态村组·和美宅基"创建中,吴房村及陶宅村被评为"上海市整洁村""上海市卫生村",村民真正由袖手旁观的看客变成主动参与的主人。

作为上海市第二批乡村振兴示范村之一的奉贤区金汇镇新强村,通过制定村民自治"300 天养成计划"培养村民的自治意识和民主精神,助力乡村振兴内生性治理力量的成长。为打造国际大都市背景下的乡村振兴,奉贤区积极探索推进农民相对集中居住工作。2019 年 10 月,奉贤区金汇镇新强村的 356 户村民签约"上楼",搬迁进入城镇楼房居住,并分配到镇上的五个居委。面对村民从"农民"变"居民"身份转变的担忧,金汇镇新强村党总支开展了村民自治"300 天养成计划",以期从思想理念的提升、文明礼仪的养成、村民服务的概念形成等方面,来丰富村民的精神文化需求,帮助村民更好适应向居民的身份转换。2020 年 7 月,新强村与金汇、金碧、旺苑、和苑、贤苑居委五个村民集中居住的居委联动,成立"新聚绘"治理共同体,计划通过 300 天时间,开设科创营、大讲堂、艺舞台、活动坊等项目,为村民搭建起交流以及参与村居活动和工作的平台,积极发挥他们在社会治理中的"细胞"作用,更好地融入社区新生活中去。①

---

① 《离土不离乡!这个养成计划让奉贤居民拥抱新生活》(2021 年 12 月 25 日),"上海奉贤"微信公众号,https://mp.weixin.qq.com/s/BFzjds7gPU5yxTX0ZBtM1A,最后浏览日期:2022 年 3 月 15 日。

三、法治：乡村治理的底层架构

法治是乡村治理的底层架构和根本准则，这意味着所有乡村内部制定的自治规则，包括各种正式的村民会议规则、村规民约和村集体规章等，都必须体现现代法治精神，充分保障村民在选举、决策、协商、管理与监督方面的各项自治权利，以法治方式调节利益关系、规范各种行为。① 对于当代中国农村而言，市场经济的发展与社会的转型带来的是乡土社会中传统礼治秩序的淡化，现代法治进入了农村基层治理场域，法律作为一种象征国家正式力量的话语实践在化解矛盾纠纷、维系基层秩序中的作用逐渐上升。② 即便如此，现代法治在后乡土社会中仍然面临"国家法"（国家法律）与"民间法"（乡土规则）相互冲突③以及法律资源供给不足④等一系列的问题。在现代化法治秩序与传统乡村礼治秩序互动的过程中，事实上形成了以法规条例为主的外部规则与以村规民约为主的内部规则，这种双重规则的共同作用是法治在乡村得以生根的基础。⑤

"美丽乡村·美丽约定"是党建引领下筑牢乡村振兴战略根基、实现乡村有效治理、激发基层社会治理内生动力的重要举措。

---

① 张文显、徐勇、何显明等：《推进自治法治德治融合建设，创新基层社会治理》，《治理研究》2018年第6期。
② 牛玉兵：《农村基层治理公共性难题的法治化解》，《法学》2017年第10期。
③ 徐勇：《"法律下乡"：乡土社会的双重法律制度整合》，《东南学术》2008年第3期。
④ 张立荣、冉鹏程：《社会资本视角下乡村治理的困境分析与出路探寻——以恩施州利川市律师事务所参与乡村治理为例》，《华中师范大学学报》（人文社会科学版）2018年第4期。
⑤ 熊万胜、方垚：《体系化：当代乡村治理的新方向》，《浙江社会科学》2019年第11期。

第七章 党建引领下的"三治"融合：乡村振兴的组织保障

在实施乡村振兴战略和大力推进依法治理的新形势下，奉贤区以打造升级版村规民约为抓手，深入开展"美丽乡村·美丽约定"行动，全区170个行政村实现全覆盖，2 300多个村民小组立牌公示，近10万农户共同参与，开展乡村有效治理，夯实乡村振兴基础，构筑"三治"融合的法治保障。这一"小村规"撬动"大治理"的创新举措，被列入《上海市基层社会治理创新典型案例汇编》，树立了乡村振兴典范，打造出中国乡村振兴的"奉贤样板"。

"美丽约定"要落地，关键是"约"。从"约"开始，加大源头参与力度。为了让老百姓充分参与，各村"开门纳谏""集思广益"，按照"推动村务管理从'替民做主'转向'由民作主'"的工作思路，充分吸纳村民的想法，结合村域自身治理目标，形成"美丽约定"讨论稿。[1] 以四团镇横桥村为例，在"美丽约定"制定过程中，全镇各级党组织、部门单位坚持赶考在一线，以"白天＋夜晚""会场＋宅基"等形式深入村（居）一线，坚持从实际出发研究制定适合时代特征、符合最广大群众需求、有助于推动乡村振兴的"美丽乡村·美丽约定"。四团镇党委通过深化推进领导干部联系村居"包干蹲点书记"等制度，带领机关事业单位一起"走村入户进家门"，帮助开展班子分析会、党员和老干部讨论会、村民代表座谈会、村民小组村民征求意见会等，让"美丽约定"做到户代表征求的全覆盖，以及通过到每个宅基上集中听取村民意见并签字确认等，赢得广大群众认同。

按"约"执行，树立现代法治意识。在约定时，各村还将奖励和罚则同步写入约定，更增加了这部"草根宪法"的约束力。以新强

---

[1] 《是"票子""面子"还是"鞭子"……一纸美丽约定，约出美丽乡村!》(2021年9月6日)，"上海奉贤"微信公众号，https://mp.weixin.qq.com/s/nsCHG1oQ9TJpVj1cjfwohg，最后浏览日期：2022年3月15日。

村为例,一条内容为"房屋租赁、变更等应在一周内到村房屋租赁中心备案登记"的规则被写进"美丽约定"。原因是租客流动性大,过去村干部主动上门为租客备案耗费了大量精力,如今根据"美丽约定",不遵守的家庭有可能失去镇、村福利待遇资格,老百姓都较为主动地来备案。"美丽约定"实施三个月,全村涉及房屋租赁的368户村民就实现90%的备案登记率,相较以往几年,提高了近30%。而在奉城镇路口村,村民违反约定且屡次不改,就要被扣除100元的"和美宅基"奖励金,路口村由此引导全村村民管好宅前屋后。①

除在村规民约的制定与执行方面努力外,奉贤区还对接村规民约和法律程序,构建"三治"平衡点。2018年,奉贤区人大常委会通过《关于推进实施"美丽乡村·美丽约定"行动的决定》,提出区法院、检察院要加大对公序良俗的司法保护力度,依法确认"美丽约定"中违约罚则的效力,积极为"美丽约定"提供有效法律支撑;区信访办、司法局等部门在信访矛盾化解、纠纷调解的过程中,要准确把握自治与法治的关系,依法充分保障"美丽约定"在调处纷争中的作用。2019年、2020年,区法院、司法局又先后制定了《关于司法服务保障"美丽乡村·美丽约定"行动的实施意见》《关于法治助力实施"美丽乡村·美丽约定"行动的方案》,②让法律秩序和村规民约相互支撑,形成法治、自治和德治协同发力的治理铁三角,努力建设一个诉求能表达、权益有保障、矛盾能化解的乡村

---

① 《是"票子""面子"还是"鞭子"……一纸美丽约定,约出美丽乡村!》(2021年9月6日),"上海奉贤"微信公众号,https://mp.weixin.qq.com/s/nsCHG1oQ9TJpVj1cjfwohg,最后浏览日期:2022年3月15日。

② 同上。

公共秩序,为乡村振兴战略提供安定有序的社会"软环境"。①

四、德治:乡村治理的价值导向

如果说法治是维系乡村治理社会秩序的底层架构,那么德治就是凝聚乡村治理精神的价值内核。② 习近平将"德法共治"视为创新社会治理、推进社会治理体系现代化的基本命题,提出"必须坚持依法治国和以德治国相结合,使法治和德治在国家治理中相互补充、相互促进、相得益彰"③。"德法共治"的国家治理思想融入乡村治理的主要表现是乡村法治进程加快,德治引领的作用更加突出,乡村自治日益嵌入德法融合的治理框架之中。④ 2018 年,中央一号文件《关于实施乡村振兴战略的意见》把深化村民自治实践、建设法治乡村、提升乡村德治水平作为推进自治、法治和德治相结合的政策举措。法治和德治都有各自的功能优势与局限,因此必须对两者进行最佳配置与组合,通过良性互补最大程度发挥各自的功能,最大程度地克服各自的局限。⑤

奉贤区秉持"德治为先"的理念,在推进乡村振兴的过程中充分发挥道德的力量,充分挖掘传统道德文化资源的当代价值,通过乡贤等道德力量、村风文明建设等道德育化活动,把社会主义核心

---

① 张帅梁:《乡村振兴战略中的法治乡村建设》,《毛泽东邓小平理论研究》2018 年第 5 期。
② 姜晓萍、许丹:《新时代乡村治理的维度透视与融合路径》,《四川大学学报》(哲学社会科学版)2019 年第 4 期。
③ 《习近平谈治国理政》(第二卷),外文出版社 2017 年版,第 133 页。
④ 张明皓:《新时代"三治融合"乡村治理体系的理论逻辑与实践机制》,《西北农林科技大学学报》(社会科学版)2019 年第 5 期。
⑤ 应飞虎、戴劲松:《法治与德治——基于伦理学、经济学和法学的比较分析》,《深圳大学学报》(人文社会科学版)2001 年第 3 期。

价值观融入民心,为自治和法治的实施创造了良好的社会生态,为乡村振兴提供强大精神支撑。

2015年中央一号文件强调,加强农村思想道德建设要创新乡贤文化,以乡情乡愁为纽带吸引和凝聚各方人士支持家乡建设,传承乡村文明。①《乡村振兴战略规划(2018—2022年)》也明确提出在提升乡村德治水平中要"积极发挥新乡贤作用"②。近年来,奉贤区以党建为引领,着力推行"乡贤+"模式,通过一系列制度化设计安排,在创新发展乡贤文化、促进乡村治理现代化、助推乡村振兴上做出了积极的探索和实践。③ 奉贤区引导乡贤参与农村基层治理的做法主要体现在以下三个方面。

第一,创新机制体制,引导乡贤参与村级治理。2015年,奉贤区提出了《关于推动乡贤参与城乡社区治理的实施方案》,对乡贤参与村级治理进行了初步探索。2017年,奉贤区进一步提出,充分发挥企业及企业家的优势,参与村级治理工作。以乡情、乡愁为纽带,奉贤区在全区范围内遴选30个具有影响力的企业,与30个村开展结对共建。2018年,奉贤区委组织部研究制定《关于区级机关党组织、百强企业、乡贤助力村级组织建设推动乡村振兴的实施意见》,将资源和力量向农村倾斜,切实推进"三个一百"工程,助力村级组织建设,推动奉贤乡村振兴战略实施。第二,推行"乡

---

① 《中共中央 国务院关于加大改革创新力度加快农业现代化建设的若干意见》(2015年2月1日),中华人民共和国中央人民政府网站,http://www.gov.cn/zhengce/2015-02/01/content_2813034.htm,最后浏览日期:2022年3月17日。
② 《中共中央 国务院印发〈乡村振兴战略规划(2018—2022年)〉》(2018年9月26日),中华人民共和国中央人民政府网站,http://www.gov.cn/zhengce/2018-09/26/content_5325534.htm,最后浏览日期:2022年3月18日。
③ 《上海奉贤"乡贤+"模式,乡村治理现代化的有效推手》(2019年6月14日),中华人民共和国农业农村部网站,http://www.moa.gov.cn/xw/qg/201906/t20190614_6317596.htm,最后浏览日期:2022年3月15日。

贤+"模式,促进乡村治理现代化。通过"乡贤+村干部"促进基层善治,"乡贤+项目"推动基层发展,"乡贤+文化"引领乡风文明,"乡贤+公益"改善基层民生,形成了多层面协作共建、多维度项目合作、多渠道助力乡村振兴的生动局面。第三,制度设计安排,集聚更多社会力量。在《关于推动乡贤参与社区治理的实施方案》推出之后,奉贤区专门出台意见,鼓励乡贤到村任职,以充分发挥乡贤的资源优势、智慧优势和管理优势。突破传统体制内选人、用人局限,该区从乡贤中物色优秀人才进入村干部队伍。近三年来,已有79名乡贤(包括机关、企业、社会人士)到村任职,成为村级治理骨干。[1]

此外,奉贤区各镇还通过开展道德讲堂,进行文明评选等活动推动乡村德治建设。例如,青村镇吴房村紧紧抓好"道德讲堂"这一法宝,面向全体村民大力开展选树典型弘扬先进活动,加强村民"四德"(即社会公德、职业道德、家庭美德和个人品德)建设。同时,广泛开展文明家庭创建、村规民约制定、星级户评选、齐贤修身等活动,发动村民积极挖掘吴房"旌义文化",弘扬源远流长、崇德完善的吴房村好民风。四团镇新桥村通过加强党员群众"四德"建设,广泛开展党员红黑榜、文明家庭创建、星级户评选、齐贤修身等活动,切实以好家风涵养好民风,以好民风促好乡风。[2]

党建引领下"三治"融合的乡村治理体系,在关系结构上表现为由基层党组织与乡村社会中多元治理主体构成的一核多元治理

---

[1] 《上海奉贤"乡贤+"模式,乡村治理现代化的有效推手》(2019年6月14日),中华人民共和国农业农村部网站,http://www.moa.gov.cn/xw/qg/201906/t20190614_6317596.htm,最后浏览日期:2022年3月15日。
[2] 《"345"工作法,助力乡村振兴——四团镇新桥村党总支》(2021年1月14日),"贤城组工"微信公众号,https://mp.weixin.qq.com/s/OXzdhgOPPDdqIYiLDkPHig,最后浏览日期:2022年3月15日。

架构。该构架在运作机制方面则呈现出三角互动的运作方式:以党组织培育乡村内生秩序、激发村民自治活力为基础,以法治作为自治和德治的底层架构,以德治作为自治和法治的价值导向,自治、法治、德治互为支撑、协同发力。在乡村治理中,如果离开自治,法治和德治则失去根基,因缺少内生动力而难以持续;如果离开法治,自治和德治就失去外在规制,自治失序且德治不举;如果离开德治,自治和法治则缺少价值引领,自治丧失治理精神,法治成本高企。[①] 通过科学合理的组织安排和机制设计,将基层党组织的组织优势转化为农村基层的治理效能,构建党建引领下的"三治"融合乡村治理体系新格局,是实现乡村善治,保障乡村振兴战略稳步推进的重要组织保障。

[①] 姜晓萍、许丹:《新时代乡村治理的维度透视与融合路径》,《四川大学学报》(哲学社会科学版)2019年第4期。

结语
乡村振兴的奉贤模式

结语　乡村振兴的奉贤模式

乡村振兴是中国式现代化新道路的必然要求。共同富裕是中国式现代化的重要特征，乡村振兴则是迈向城乡共同富裕的必由之路。乡村振兴的主体不仅仅是乡村，也包括城市；乡村振兴不仅仅是农民的事情，也是整个国家的事情；乡村振兴需要整合政党/国家、市场与社会的力量，通过城乡融合发展，实现城乡关系的重构，推动乡村的现代化进程。从这个意义上讲，乡村振兴是中国式现代化的重要组成部分。

本书以上海市奉贤区作为典型案例，探讨了国际化大都市背景下的乡村振兴。乡村振兴的奉贤模式以人为中心，以"三块地"为核心资源，以产业为驱动力，追求人、土地与产业的协同发展。奉贤的乡村振兴是全方位的，包括：以"三园一总部"为引领的产业振兴战略，以逆城市化为契机的人才振兴战略，以"新江南文化"为品牌的文化振兴战略，以美丽乡村和生态商务区为目标的生态振兴战略，以及以党建为引领的"三治"融合组织振兴战略。

从深层次来看，乡村振兴具有"空间再分配"的内涵。所谓"空间再分配"，具有双重含义。一是相对于空间的初次分配而言，空间的初次分配指的是城市郊区原初的空间分配，主要表现为耕地、林地、宅基地的配置；而空间再分配则涉及土地使用性质的变更，从农业用地转变为住宅用地、商业用地、工业用地、综合用地。二是相对于收入再分配而言，收入再分配指的是各级政府通过税收和财政支出等形式参与国民收入分配的过程，而空间再分配则涉及不同阶层、群体在城市空间中所处位置的变化,从中心城区向郊区迁移,从外地向本地迁移,这一过程改变了城乡关系和城乡社会结构。空间再分配会深刻影响市民/村民的公共服务质量和收入分配格局,譬如,农民相对集中居住,有利于提高农村公共服务的可及性,且"三园一总部"可以大幅提高农民的收入水平。乡村振兴过程中的空间再分配旨在将乡村转变为大都市发展的战略空间,通过城乡空间布局的优化,加速乡村的现代化进程,最终实现城乡共同富裕。

奉贤作为上海的远郊区,在空间形态上兼具县域、新城和乡村三重色彩。

首先,作为县域的奉贤。奉贤区前身为奉贤县,虽然在城市化的进程中撤县设区,但依然具有县域的若干特点。奉贤区下辖3个街道、8个镇,镇域空间占比远远超过中心城区。奉贤的乡村振兴需要在县域经济上做文章,强化产业链与创新链融合,加快完善城镇对乡村的产业服务功能,促进产业向园区集中,依托农村宅基地、农用地、集体建设用地"三块地",经过修缮改造,引入城市工商资本后,建设以"三园一总部"为特色的乡村生态商务带,使城乡融合发展成为可能,大大拓宽了农民的增收渠道。

其次,作为新城的奉贤。奉贤新城是上海重点发展的五大新城之一,新城建设旨在优化城市空间布局,坚持统筹好空间、规模、产业结构,推动规划、政策、项目落地,推进资源要素科学配置和合理流动,促进发展格局重塑。表面上看,新城建设与乡村振兴似乎没有关联,但实际上两者具有很强的联动性:一方面,新城建设对乡村的经济社会发展具有很强的辐射作用;另一方面,乡村振兴为新城建设注入了人才、土地等稀缺资源,提供了提升能级和竞争力的战略空间。新城建设也有利于农民的就地城市化。

最后,作为乡村的奉贤。截至2020年底,奉贤有175个村民委员会,126个居民委员会。从农业人口的角度看,奉贤的城市化水平较高,农民的数量较少;但从基本治理单元的角度看,村庄仍然是奉贤的半壁江山。乡村振兴既要充分尊重农民的主体性,发挥农民的能动性和创造性,又要充分发挥农村基层党组织领导作用,整合政府、市场与社会的力量,推进农村一二三产业融合发展。诚如李小云所言:"城乡融合的关键,是乡村产业结构拓宽——乡村不能单纯是一个农业产业、农业空间,要发展新业态,成为一个综合性的就业空间。"①

透过中国式现代化的奉贤图景,我们可以看到乡村振兴的愿景:在产业形态上,乡村不再只是传统农业的承载地,乡村既可以吸纳电子商务、乡村休闲度假旅游等现代服务业,也可以发展中小企业总部经济、产业园区,还可以为现代农业和现代制造业提供发展空间;在人居形态上,乡村不再只是农民的"栖息地",也可能让城市人在这里纾解乡愁,让年轻人在这里创新创业,让小微企业、创意经济在这里找到机遇;在空间形态上,乡村既保留田园野趣、山水写意的风貌,又有与城镇相媲美的公共设施和公共服务体系。

与传统的乡村相比,现代乡村具有更加多元的价值:乡村不只属于农民,也属于全社会;乡村不只是农民来建设,政党、政府、市场、社会都要发挥重要作用;乡村不仅具有产业承载的功能,也具有美学价值和生态价值,代表另一种美好的生活方式;农民不再是一个身份,而成为一种体面的职业;农村不再等同于封闭与落后,而是一个自由开放、充满活力的空间,生活在那里的人们也可以拥有无限的可能;乡村振兴与城市化并行不悖,让人才、资本、技术、信息、创意、文化等要素跨越边界双向自由流动。

---

① 刘玉海:《李小云:乡村振兴核心在城乡融合》(2021年3月19日),经济观察网,https://www.eeo.com.cn/2021/0319/480189.shtml,最后浏览日期:2022年5月13日。

主要参考文献

图书

［1］陈国胜.乡村振兴温州样本[M].北京:中国农业大学出版社,2019.

［2］陈俊红.北京推进实施乡村振兴战略的对策研究[M].北京:中国经济出版社,2019.

［3］邓小平.邓小平文选(第三卷)[M].北京:人民出版社,2001.

［4］费孝通.乡土中国[M].北京:北京出版社,2005.

［5］郭艳华.乡村振兴的广州实践[M].广州:广州出版社,2019.

［6］黄郁成.城市化与乡村振兴[M].上海:上海人民出版社,2019.

［7］林毅夫.中国经济专题(第二版)[M].北京:北京大学出版社,2012.

［8］林毅夫,蔡昉,李周.中国的奇迹:发展战略与经济改革(增订版)[M].上海:上海人民出版社,1999.

［9］魏后凯,黄秉信.农村绿皮书:中国农村经济形势分析与预测(2018—2019)[M].北京:社会科学文献出版社,2019.

［10］吴永华,李宝值.乡村振兴的浙江探索[M].北京:中国农业出版社,2021.

［11］习近平.在庆祝中国共产党成立100周年大会上的讲话[M].北京:人民出版社,2021.

［12］熊易寒.移民政治:当代中国的城市化道路与群体命运[M].上海:复旦大学出版社,2019.

［13］郑敬高.地方公共管理实务与创新[M].青岛:中国海洋大学出版社,2013.

［14］中共中央文献研究室.习近平关于社会主义生态文明建设论述摘编[M].北京:中央文献出版社,2017.

期刊

[1] 曹立,王声啸.精准扶贫与乡村振兴衔接的理论逻辑与实践逻辑[J].南京农业大学学报(社会科学版),2020,20(4):42-48.

[2] 陈柏峰.乡村振兴战略背景下的村社集体:现状与未来[J].武汉大学学报(哲学社会科学版),2018,71(3):154-163.

[3] 陈亮,谢琦.乡村振兴过程中公共事务的"精英俘获"困境及自主型治理——基于H省L县"组组通工程"的个案研究[J].社会主义研究,2018(5):113-121.

[4] 陈美球,廖彩荣,刘桃菊.乡村振兴、集体经济组织与土地使用制度创新——基于江西黄溪村的实践分析[J].南京农业大学学报(社会科学版),2018,18(2):27-34+158.

[5] 陈善友.乡村振兴背景下强化村党组织功能的若干路径——基于湖北W村的调查[J].中州学刊,2019(2):20-24.

[6] 陈映芳."农民工":制度安排与身份认同[J].社会学研究,2005(3):119-132+244.

[7] 邓磊,罗欣.脱贫攻坚与乡村振兴衔接理路探析[J].江汉论坛,2020(2):51-56.

[8] 丁国民,龙圣锦.乡村振兴战略背景下农村宅基地"三权分置"的障碍与破解[J].西北农林科技大学学报(社会科学版),2019,19(1):39-50.

[9] 董志凯.我国农村基础设施投资的变迁(1950—2006年)[J].中国经济史研究,2008(3):29-37.

[10] 杜伟,黄敏.关于乡村振兴战略背景下农村土地制度改革的思考[J].四川师范大学学报(社会科学版),2018,45(1):12-16.

[11] 冯川.半城半乡:当代中国城乡关系发展模式再审视[J].中共宁波市委党校学报,2021,43(3):107-120.

[12] 付翠莲,张慧."动员—自发"逻辑转换下新乡贤助推乡村振兴的内在机理与路径[J].行政论坛,2021,28(1):53-58.

[13] 付坚强,陈利根.我国农村宅基地使用权制度论略——现行立法的缺陷

及其克服[J].江淮论坛,2008(1):97-101.

[14] 龚丽兰,郑永君.培育"新乡贤":乡村振兴内生主体基础的构建机制[J].中国农村观察,2019(6):59-76.

[15] 管洪彦,孔祥智.农地"三权分置"典型模式的改革启示与未来展望[J].经济体制改革,2018(6):63-69.

[16] 郭金丰.乡村振兴战略下的农村土地流转:市场特征、利益动因与制度改进——以江西为例[J].求实,2018(3):79-97+112.

[17] 郭津佑,石白玉,萧洪恩.乡村振兴:中国现代化道路探索的新成果[J].贵州民族研究,2018,39(12):1-8.

[18] 郭素芳.城乡要素双向流动框架下乡村振兴的内在逻辑与保障机制[J].天津行政学院学报,2018,20(3):33-39.

[19] 韩鹏云,徐嘉鸿.乡村社会的国家政权建设与现代国家建构方向[J].学习与实践,2014(1):85-93.

[20] 韩长赋.中国农村土地制度改革[J].农业经济问题,2019(1):4-16.

[21] 何芳,周璐.基于推拉模型的村庄空心化形成机理[J].经济论坛,2010(8):208-210.

[22] 何慧丽.现代化背后的乡愁、乡恋和乡建[J].人民论坛,2013(15):64-65.

[23] 贺来.在"异质性"中寻求"共同生活"之道——当代政治哲学重大的现代性课题[J].天津社会科学,2021(5):87-91.

[24] 贺雪峰.谁的乡村建设——乡村振兴战略的实施前提[J].探索与争鸣,2017(12):71-76.

[25] 贺雪峰.城乡二元结构视野下的乡村振兴[J].北京工业大学学报(社会科学版),2018,18(5):1-7.

[26] 贺雪峰.关于实施乡村振兴战略的几个问题[J].南京农业大学学报(社会科学版),2018,18(3):19-26+152.

[27] 贺雪峰.乡村振兴与农村集体经济[J].武汉大学学报(哲学社会科学版),2019,72(4):185-192.

[28] 贺雪峰,仝志辉.论村庄社会关联——兼论村庄秩序的社会基础[J].中

国社会科学,2002(3):124-134+207.

[29] 黄承伟.推进乡村振兴的理论前沿问题[J].行政管理改革,2021(8):22-31.

[30] 黄建红.三维框架:乡村振兴战略中乡镇政府职能的转变[J].行政论坛,2018,25(3):62-67.

[31] 黄宗智.从土地的资本化到资本的社会化:中国发展经验的新政治经济学[J].东南学术,2021(3):79-95+247.

[32] 江维国,李立清.顶层设计与基层实践响应:乡村振兴下的乡村治理创新研究[J].马克思主义与现实,2018(4):189-195.

[33] 姜姝.乡村振兴背景下"城归"群体的生成机制及其价值实现[J].南京农业大学学报(社会科学版),2021,21(3):140-147.

[34] 姜晓萍,许丹.新时代乡村治理的维度透视与融合路径[J].四川大学学报(哲学社会科学版),2019(4):29-37.

[35] 李渡,汪鑫.论村民委员会"依法行权"的现实困境与治理路径——析"村治"法治化与乡村振兴战略互动共维关系[J].山东社会科学,2019(7):81-87.

[36] 李长学.论乡村振兴战略的本质内涵、逻辑成因与推行路径[J].内蒙古社会科学(汉文版),2018,39(5):13-18.

[37] 厉以宁."城归"将成为新的人口红利[J].理论与当代,2017(2):52.

[38] 梁洁.乡村振兴战略背景下创新乡村治理体系的路径探析——以山西省Y市PH社区为例[J].新疆社会科学,2018(6):134-141.

[39] 刘爱梅.农村空心化对乡村建设的制约与化解思路[J].东岳论丛,2021,42(11):92-100.

[40] 刘炳辉.乡村振兴的"宁波经验"——基于五个村社的讨论[J].文化纵横,2021(2):109-117.

[41] 刘林平,雍昕,舒玢玢.劳动权益的地区差异——基于对珠三角和长三角地区外来工的问卷调查[J].中国社会科学,2011(2):107-123+222.

[42] 刘锐.乡村振兴战略框架下的宅基地制度改革[J].理论与改革,2018

(3):72-80.

[43] 刘守英.中国农地制度的合约结构与产权残缺[J].中国农村经济,1993(2):31-36.

[44] 刘守英.中国的农业转型与政策选择[J].行政管理改革,2013(12):27-31.

[45] 刘守英,高圣平,王瑞民.农地三权分置下的土地权利体系重构[J].北京大学学报(哲学社会科学版),2017,54(5):134-145.

[46] 刘晓雯,李琪.乡村振兴主体性内生动力及其激发路径的研究[J].干旱区资源与环境,2020,34(8):27-34.

[47] 刘彦随.中国东部沿海地区乡村转型发展与新农村建设[J].地理学报,2007(6):563-570.

[48] 刘彦随,刘玉.中国农村空心化问题研究的进展与展望[J].地理研究,2010,29(1):35-42.

[49] 刘彦随,刘玉,翟荣新.中国农村空心化的地理学研究与整治实践[J].地理学报,2009,64(10):1193-1202.

[50] 刘祖云,姜姝."城归":乡村振兴中"人的回归"[J].农业经济问题,2019(2):43-52.

[51] 刘祖云,张诚.重构乡村共同体:乡村振兴的现实路径[J].甘肃社会科学,2018(4):42-48.

[52] 龙花楼,李裕瑞,刘彦随.中国空心化村庄演化特征及其动力机制[J].地理学报,2009,64(10):1203-1213.

[53] 卢黎歌,武星星.后扶贫时期推进脱贫攻坚与乡村振兴有机衔接的学理阐释[J].当代世界与社会主义,2020(2):89-96.

[54] 宁志中,张琦.乡村优先发展背景下城乡要素流动与优化配置[J].地理研究,2020,39(10):2201-2213.

[55] 牛玉兵.农村基层治理公共性难题的法治化解[J].法学,2017(10):140-148.

[56] 潘启龙,韩振,陈珏颖.美国农村阶段发展及对中国乡村振兴的启示[J].世界农业,2021(9):76-82.

[57] 乔陆印,刘彦随.新时期乡村振兴战略与农村宅基地制度改革[J].地理研究,2019,38(3):655-666.

[58] 孙萍,张春敏.再组织化与民族地区农村基层治理创新——以贵州 G 县"十户一体"抱团发展的村治实践为例[J].西南民族大学学报(人文社会科学版),2020,41(11):205-211.

[59] 孙彦.宅基地"三权分置"的产权性质与改革实施路径解析[J].制度经济学研究,2021(2):253-264.

[60] 谭九生,胡伟强.接续推进全面脱贫与乡村振兴有效衔接的路径析探——基于湖南湘西州 18 个贫困村的田野调查[J].湘潭大学学报(哲学社会科学版),2021,45(1):31-36.

[61] 唐任伍,孟娜,刘洋.关系型社会资本:"新乡贤"对乡村振兴战略实施的推动[J].治理现代化研究,2021,37(1):36-43.

[62] 田毅鹏.乡村"过疏化"背景下城乡一体化的两难[J].浙江学刊,2011(5):31-35.

[63] 王积超,李远行.城乡连续统与乡村振兴[J].甘肃社会科学,2019(2):79-85.

[64] 王相华.资源外溢承接与内生动力培育:特大城市周边乡村振兴发展的可行路径——以杭州黄湖镇青山村为例[J].浙江学刊,2021(4):42-50.

[65] 王向阳,谭静,申学锋.城乡资源要素双向流动的理论框架与政策思考[J].农业经济问题,2020(10):61-67.

[66] 王晓毅.重建乡村生活 实现乡村振兴[J].华中师范大学学报(人文社会科学版),2019,58(1):1-4.

[67] 王兴周.乡村振兴背景下逆城市化动力机制探析[J].江海学刊,2021(3):98-108+255.

[68] 王振波,刘亚男.新时代背景下我国乡村振兴研究述评——基于十九大以来的文献考察[J].社会主义研究,2020(4):151-158.

[69] 文丰安.我国农村社区治理的发展与启示:基于乡村振兴战略的视角[J].湖北大学学报(哲学社会科学版),2020,47(2):148-156+168.

[70] 文军.农民市民化:从农民到市民的角色转型[J].华东师范大学学报(哲学社会科学版),2004(3):55-61+123.

[71] 武小龙,刘祖云.社区自助、协同供给与乡村振兴——澳大利亚乡村建设的理念与实践[J].国外社会科学,2019(1):30-39.

[72] 向丽.怀旧·乡愁·乌托邦——中国艺术乡建的三重面向[J].民族艺术,2021(3):138-148.

[73] 谢志强,姜典航.城乡关系演变:历史轨迹及其基本特点[J].中共中央党校学报,2011,15(4):68-73.

[74] 谢炜,郝宇青.乡村振兴视域下"三治融合"实施成效研究——基于上海的实证调查[J].学习与探索,2021(2):55-61+175.

[75] 熊竞,倪晓光.基于"城乡等值"理念的超大城市乡村振兴推进路径研究——以上海为例[J].上海城市管理,2021,30(3):56-60.

[76] 熊万胜,方垚.体系化:当代乡村治理的新方向[J].浙江社会科学,2019(11):41-50+156.

[77] 熊易寒."半城市化"对中国乡村民主的挑战[J].华中师范大学学报(人文社会科学版),2012,51(1):28-34.

[78] 徐勇.城乡一体化进程中的乡村治理创新[J].中国农村经济,2016(10):23-26.

[79] 许树辉.农村住宅空心化形成机制及其调控研究[J].国土与自然资源研究,2004(1):11-12.

[80] 许伟.中国特色社会主义乡村振兴的特质和实践路径[J].中南民族大学学报(人文社会科学版),2020,40(3):145-151.

[81] 许晓,季乃礼.村级党建、治理重心下移与乡村振兴——基于Y村党员"包片联户"制度的田野调查[J].西南民族大学学报(人文社会科学版),2021,42(3):195-202.

[82] 许源源,左代华.乡村治理中的内生秩序:演进逻辑、运行机制与制度嵌入[J].农业经济问题,2019(8):9-18.

[83] 杨妍,王江伟.基层党建引领城市社区治理:现实困境 实践创新与可行

路径[J].理论视野,2019(4):78-85.

[84] 姚先国,赖普清.中国劳资关系的城乡户籍差异[J].经济研究,2004(7):82-90.

[85] 叶敬忠.乡村振兴战略:历史沿循、总体布局与路径省思[J].华南师范大学学报(社会科学版),2018(2):64-69+191.

[86] 应飞虎,戴劲松.法治与德治——基于伦理学、经济学和法学的比较分析[J].深圳大学学报(人文社会科学版),2001(3):60-67.

[87] 喻名峰.后乡土社会法治秩序的构建[J].甘肃社会科学,2007(1):199-202.

[88] 岳成浩,吴培豪.重构抑或消亡:乡村振兴背景下宗族功能再定位研究[J].西北大学学报(哲学社会科学版),2019,49(3):52-57.

[89] 张大维.优势治理的概念建构与乡村振兴的国际经验——政府与农民有效衔接的视角[J].山东社会科学,2019(7):88-96.

[90] 张锋.乡村振兴背景下农村社区协商治理机制研究[J].上海行政学院学报,2019,20(6):82-90.

[91] 张海鹏.中国城乡关系演变70年:从分割到融合[J].中国农村经济,2019(3):2-18.

[92] 张明皓.新时代"三治融合"乡村治理体系的理论逻辑与实践机制[J].西北农林科技大学学报(社会科学版),2019,19(5):17-24.

[93] 张帅梁.乡村振兴战略中的法治乡村建设[J].毛泽东邓小平理论研究,2018(5):37-43+107.

[94] 张文显,徐勇,何显明,等.推进自治法治德治融合建设,创新基层社会治理[J].治理研究,2018,34(6):5-16.

[95] 赵欢春,丁忠甫."乡村振兴战略"架构下基层党组织领导乡村治理的能力体系研究[J].江苏社会科学,2021(1):91-99.

[96] 赵秀玲.中国传统乡村治理资源的现代转换[J].华中师范大学学报(人文社会科学版),2020,59(2):18-21.

[97] 中国农民工问题研究总报告起草组.中国农民工问题研究总报告

[J/OL].改革,2006(5).http://ww2.usc.cuhk.edu.hk/PaperCollection/Details.aspx?id=5780.

[98] 周飞舟.从脱贫攻坚到乡村振兴:迈向"家国一体"的国家与农民关系[J].社会学研究,2021,36(6):1-22+226.

[99] 邹一南.从二元对立到城乡融合:中国工农城乡关系的制度性重构[J].科学社会主义,2020(3):125-130.

后记

后记

本书系上海市哲学社会科学规划委托课题"国际化大都市背景下乡村振兴战略的路径与模式研究"(批准号：2021WFX001)的最终研究成果。

该课题缘自上海市奉贤区委常委、宣传部部长向义海的倡议，并得到上海市委宣传部理论处和上海市哲学社会科学规划办的大力支持。在开题、调研和写作过程中，得到市委宣传部理论处处长陈殷华、上海市哲学社科规划办主任李安方、上海市社会科学界联合会二级巡视员陈麟辉、上海市农委研究室主任方志权、复旦大学国际关系与公共事务学院教授陈周旺、上海广播电视台融媒体中心首席主持人何婕、奉贤区委宣传部常务副部长刘伟、奉贤区委宣传部副部长王春峰、青浦区委宣传部部长陈建国（原青村镇党委书记）、奉贤区青村镇党委书记彭军、奉贤区委统战部副部长朱丽雅、奉贤区海湾镇党委书记盛群华、《解放日报》王珍、《人民论坛》孙垚等领导和专家的鼎力相助。市哲学社会科学规划办徐逸伦、复旦大学文科科研处左昌柱、奉贤区委宣传部张敏和陈韵为课题组提供了诸多帮助。

全书由熊易寒拟订写作框架，组织调查研究，并最终统稿。邓涵之协助熊易寒进行了统稿工作。本书具体分工见扉页之后的作者简介。

最后，作者团队还要特别感谢复旦大学出版社的孙程姣、张鑫，两位编辑为本书的出版倾注了心血。

熊易寒
2022 年 5 月

图书在版编目(CIP)数据

国际化大都市背景下的乡村振兴:中国式现代化的奉贤图景/熊易寒主编.
—上海:复旦大学出版社,2022.7(2023.4 重印)
ISBN 978-7-309-16256-1

Ⅰ.①国… Ⅱ.①熊… Ⅲ.①农村-现代化建设-研究-奉贤区 Ⅳ.①F327.513

中国版本图书馆 CIP 数据核字(2022)第 104902 号

国际化大都市背景下的乡村振兴:中国式现代化的奉贤图景
GUOJIHUA DADUSHI BEIJING XIA DE XIANGCUNZHENXING:
ZHONGGUO SHI XIANDAIHUA DE FENGXIAN TUJING
熊易寒　主编
责任编辑/张　鑫

复旦大学出版社有限公司出版发行
上海市国权路 579 号　邮编:200433
网址:fupnet@fudanpress.com　http://www.fudanpress.com
门市零售:86-21-65102580　团体订购:86-21-65104505
出版部电话:86-21-65642845
上海四维数字图文有限公司

开本 890×1240　1/32　印张 8.25　字数 192 千
2022 年 7 月第 1 版
2023 年 4 月第 1 版第 2 次印刷

ISBN 978-7-309-16256-1/F·2891
定价:52.00 元

如有印装质量问题,请向复旦大学出版社有限公司出版部调换。
版权所有　侵权必究